Staread
星 文 文 化

父母这样说，给孩子受用一生的幸福力

[日]**大野萌子**◎著　　曲冰◎译

北京日报出版社

● "父母的一句话"既可能是孩子的精神支柱，也可能是孩子的沉重枷锁

　　"从小父母就说我不行。"
　　"无论我做什么，父母都要干涉，导致我现在一事无成。"
　　"父母总是拿我和其他兄弟姐妹做比较，我很讨厌这一点。"
　　"父母总说'老大就应该懂事'，我感觉压力很大。"

　　我从事企业顾问、注册心理咨询师工作已经 20 余年，聆听过很多人的烦恼。
　　有的人因人际关系而烦恼，有的人因生活压力而焦虑，究其原因，多与亲子关系息息相关。
　　如果一个人从小就与家人建立了相互信任的亲子关系，在自信与自我肯定中成长起来，那么即使他遭遇了挫折，往往也能做到坚定自我、百折不挠。

亲子交流是我们在人生中第一次和他人建立联系,它不仅影响我们人格的形成,还有可能对我们人际关系的建立和发展产生深远影响。可以说,亲子关系直接影响着我们与人相处的基本模式。

哪怕孩子已经长大成人,甚至已经为人父母了,可能仍然无法完全摆脱儿时亲子关系的影响。

毋庸置疑,父母在孩子的成长过程中扮演着极其重要的角色。到底应该怎么做,才能真正帮助孩子健康成长?这是令大多数父母感到万分棘手的问题。我在做心理咨询时对此感触颇深。

● 为何亲子关系容易陷入"控制的陷阱"?

在所有的人际关系中,亲子关系的处理尤为艰难,这是为什么呢?

主要原因在于亲子之间容易陷入"控制的陷阱",有些父母会在生活中无意识地操控自己的孩子。

面对呱呱坠地的婴儿,父母要承担起哺乳、穿衣、哄睡等责任。

孩子再长大一点,父母也必须从早到晚无微不至地照顾他,衣食住行,要面面俱到才行。渐渐地,很多家长会不自觉地把孩子当成自己的"私有财产"。

有些父母甚至还会试图通过"教育",将自己的理想与期望强加到孩子身上,让孩子完成自己未能实现的目标。一旦孩子不能如自己所愿,就否定并批评他,甚至大肆责骂他。

还有一些父母想利用孩子来填补自己内心的不足,产生了过度依赖孩子的倾向。他们总是把"都是为了你"挂在嘴边,凡事都要插手干涉。即便孩子已经进入了青春期，甚至已经成年，这些父母仍然企图加以干涉。

这种类型的父母在家庭之外的场所非常善于照顾别人的感受，但对待自己的家人却毫不注意，常常以自我为中心，甚至还会出口伤人。

为什么会这样呢？因为他们知道亲子关系是基于血缘形成的，是不易断绝的。对孩子来说，父母是独一无二的，是拥有绝对权威的。

● 孩子会随父母的改变而改变

我相信各位读者都希望自己深爱的孩子过得幸福，那么，无论孩子多么年幼，无论在什么场景下，都请尊重孩子，把他看作一个独立的个体。

为此，父母应该做到以下几点：

①认可孩子拥有独立的人格，不将其当作自己的附属品；

②耐心地倾听孩子的意见；

③向孩子表达无条件的爱；

④接受孩子原本的样子。

在这种环境下成长的孩子，才更容易受到外界的尊重，将来也更有可能构建良好的人际关系。

人是无法独立生存的。人生幸福与否，在很大程度上取决于人际关系的好坏，而人际关系的基础是由人格奠定的。在人格的塑造过程中，亲子关系的影响不可估量。

也许有的家长会因此倍感压力，其实大可不必。人无完人，父母也不必追求完美。父母可以和孩子共同成长，如果孩子的年龄是1岁，那我们为人父母的年龄也是1岁。

事实上，如果父母做出了改变，那孩子也会随之改变。因此，无论什么时候，无论现状如何，我们都可以在一定程度上改善亲子关系。

🔴 做一个随时接纳孩子的避风港

在拙作《特别会说话的人都这样说话》和《特别会说话的人都这样说话2：高手篇》中，我讲述了将"不恰当的话语"换成"合适的说法"的重要性。

我在这两本书中也曾提及，如果一个人常说消极语言，那么这个人很有可能在亲子关系方面存在问题。

本书是该系列的第三册，专注于亲子关系，我会在书中总结大量的案例来帮助各位加深理解。希望这本书能帮助各位父母规避"不恰当的话语"，以免破坏亲子关系，学会通过"恰当的话语"，加深与孩子间的相互信任。

本书从幼儿到中小学生，再到成年人，以各个年龄层的孩子为对象，总结加深亲子信任关系的沟通方式。除此之外，还会向各位读者介绍和父母间的沟通方式。上至父母、下至子女，囊括亲子关系的方方面面。希望各位读者能借此改善与他们的关系。

回顾自己与孩子的相处之道，我格外重视三件事：倾听、接纳与信任。

如今我的孩子已经成年，找到了他热爱的事业，正走在属于自己的、与我截然不同的人生道路上。也正因如此，我感到自己的人生更加自由、更加精彩了。

教育没有正确答案，或者说没有唯一的正确答案。

父母只需要为孩子提供一个安心的避风港，当孩子遇到挫折与烦恼时，永远敞开大门接纳他们。

想要维持良好的亲子关系，为人父母，能做到从容自立很重要。希望各位读者都能放轻松一点，和家人享受无可替代的家庭时光。

希望本书能帮助你改善亲子关系。

大野萌子

目录

培养好习惯，父母可以这样说

第一章

父母在培养孩子的礼仪或生活习惯时，应该做到一以贯之，否则会缺乏说服力，让孩子误以为"爸爸妈妈心情好就同意，心情不好就反对"，从而降低孩子对父母的信任度。请记住：孩子能够敏感地捕捉到父母态度的前后差异。

　　当孩子察觉到父母态度不同时，有的孩子会反驳："上次都可以，这次为什么不行？"即使他没有反驳，这种前后不一致的态度也会降低孩子对你的信任度。有些父母原本是出于教育与引导的目的和孩子进行交流，最终却因无法控制自己的情绪，发展到责骂孩子的地步。这种语言暴力会对孩子造成无法挽回的伤害。

　　如果意识到自己现在有点情绪化，不如先暂时离场冷静一下；如果因为工作繁忙而感到心情烦躁，可以如实告诉孩子，等心情平静下来再与孩子进行交流。父母也不是完美的，不必对自己过于苛刻。**如果心情不好，不妨先独处一段时间。管教孩子时，最重要的是保持一以贯之的态度。**

第 **1** 条

当你着急外出时

❌ **不恰当** 的话语

NO!

> 快点!

▼

◎ **恰当** 的话语

OK!

> 我们一起换衣服吧!

模棱两可的指示会让孩子难以理解。

父母应该表明具体的做法,然后与孩子一起行动。

孩子并不像大人那样拥有时间观念。即使你用"快点""赶紧"等字眼去催促孩子，他们也不知道应该做什么、怎么做。为了让孩子理解你的意图，建议使用"我们一起做×××吧"这个句式，明确地说出具体的行动，例如，"我们一起换衣服吧""我们一起穿鞋子吧""我们一起系扣子吧"等等。

如果孩子还不到10岁，很多事情无法独立完成，父母最好和他一起做。

除了"快点""赶紧"等词汇，"好好做""别磨蹭"的意思也不是很明确。有的父母误以为孩子能够听懂，其实不然。这些话语都属于"情绪表达"，只有说话人自己心里清楚是什么意思。孩子听到这类话语后只会感到困惑不安，不知道如何是好，最终还有可能养成看父母脸色的习惯，不会主动思考，只会等待父母的指示。

如果父母的"指示"或"要求"是模棱两可的，孩子无法理解，那么，他最终有可能会选择破罐破摔，干脆不去尝试理解了。甚至有的孩子会觉得反正做什么都不对，索性什么都不做了，或者乱做一气。

即使是父母和孩子这样亲近的关系，也不存在"心有灵犀"一说。我们总是天真地以为，生活在一个屋檐下的人是有默契的，即使不说出口，相互之间也能心领神会。其实这不过是一种幻想而已，**成年人尚且无法做到相互理解，对于阅历尚浅的孩子来说就更难了。所以建议父母尽量用具体的语言，将自己的想法说清楚。**

第 **2** 条。

当孩子做出伤害朋友的事情时

✕ **不恰当** 的话语

NO!

快道歉!

▼

◎ **恰当** 的话语

OK!

你知道哪里做得不对吗?

应该引导孩子思考错误的原因,
但没有必要强制要求孩子反省。

孩子犯错时，是父母帮助孩子成长的好时机。可以尝试引导孩子思考错误的原因，询问"为什么这样做是不对的""为什么不可以这样做"，这有助于培养孩子的思考能力。

如果孩子的性格比较好胜，那一味地让他道歉的话，他既不会信服你，还有可能误以为只要说一句"对不起"就万事大吉了；如果孩子的性格比较内向，那他有可能会认为一切都是自己的错，**孩子一旦形成这种把问题归因于自己的思维方式，长大后就有可能难以面对负面评价，对别人批评自己的话语过度解读。**

当孩子犯了错误时，父母可以先向他抛出问题："你知道哪里做得不对吗？"用这样的方式引导孩子积极思考错误的原因，等孩子明白之后再要求他道歉。如果孩子想解释理由，父母一定要耐心倾听。

当孩子说他人坏话时，有的父母会要求孩子站在对方的立场上思考问题，问道："如果别人这样说你，你会是什么心情呢？"可是，10岁以下的孩子并没有共情的能力，与其这样要求他，不如先听听孩子的意见，耐心地询问："你为什么会这么说呢？"如果孩子的想法的确有问题，再想办法纠正他也不迟。

此外，强行要求孩子反省是"控制欲"的一种体现。大人可以轻而易举地控制弱小的孩子，所以亲子之间很容易形成上下级一样的关系，长此以往，还可能发生父母虐待孩子的问题。如果你有控制别人的倾向，请一定要注意。

第 **3** 条

当你无法理解孩子的行为时

✕ **不恰当** 的话语

NO!

别丢人!

▼

◎ **恰当** 的话语

OK!

你想做什么呀?

倾听孩子的想法,
不要扼杀好奇心。

孩子拥有极其旺盛的好奇心，所以有时会理所当然地做出令成年人无法理解的事。如果这件事有可能给他带来危险，那么父母应该立刻上前制止；如果这件事并没有危险，建议先听听孩子的想法。这不仅有助于孩子学会表达心情与意见，还会增强他的自我认同感，让他体会到父母耐心倾听自己想法的感觉。

反之，如果父母一味地否定孩子，把自己的想法强加到孩子身上，导致孩子得不到认可，那么，孩子的自我认同感也会随之降低。一旦孩子由于不被认可而丧失信心，就容易形成"非自我肯定型"人格，最终还有可能出现暴力倾向。从我的咨询经验来看，职权骚扰 ① 加害者多属于这一性格类型。

对孩子来说，有一个"自我表达的空间"非常重要。当孩子做出让人无法理解的行为时，你可以询问他："你想做什么呀？""你想怎么做呀？"如果这件事不会给他带来任何危险，那么，可以放手让他去做，因为多多尝试也有助于丰富孩子的经历。例如，当孩子穿着两只不一样的鞋子时，父母多半会以为孩子穿错了，其实他可能是故意这样搭配的，也许正乐在其中呢！

如果你非常想纠正孩子的这种穿法，也不要否定他的想法，可以用表达自己意见的方式引导孩子，例如说"我觉得穿同一双鞋更好看呢"，这样做效果会更好。请不要用责备的语气说"别丢人！"，否定的话语会扼杀孩子可贵的好奇心。

----

① 职权骚扰：按照日本厚生省的定义，是指在职场环境中，利用自身在职务、专业知识以及人际关系上的有利性，对同事施加超过业务范围的精神性或者肉体性的痛苦的行为。主要可划分为 6 种类型：施暴等身体攻击、威胁等精神攻击、无视或排斥、安排过多工作等过度要求、不安排工作等过少要求、干涉个人隐私。

第 **4** 条

当你想让孩子安静等待时

✕ **不恰当** 的话语

NO!

我不是让你等着嘛!

▼

◎ **恰当** 的话语

OK!

我做 ×××时，你先等着哦!

☺

模棱两可的指令只会让孩子感到不安。
父母应该用具体易懂的语言说明目标。

对于孩子还没有学会的事情，如果父母只讲一遍，他未必能够理解。若是年幼的孩子，可能你重复很多遍他都听不懂。为了帮助孩子理解，父母不仅需要重复表达，还需要说明一个"具体的目标"。

例如，当你需要孩子等待时，如果只说"等着""为什么不等我呢""老实待在这里"，孩子不明白要等到什么时候，因此可能会反复询问"还没好吗？"。

如果父母明确地告诉孩子"我做饭这段时间，你在这儿等着哦"，那么，孩子会感到很安心，知道自己等到妈妈做完饭就可以了。等孩子学会认识钟表之后，父母可以告诉他具体的时间，例如，"再等5分钟就好了"。

如果父母总是用模棱两可的语言下达命令，孩子会不知所措，甚至还有可能养成"左耳朵进，右耳朵出"的习惯。长此以往，当孩子面对自己无法克服的困难或无法承受的痛苦时，就会启动"防卫机制"，出现压抑自己或逃避现实的倾向。

事实上，只要父母用具体的话语重复说上一百次，无论多难的事情，孩子都能够理解并学会。如果你做饭时想让孩子在一边等待，就坚持每天耐心地说上一遍吧！3个月之后，也许不用你开口，孩子自己就知道等待了。刚开始，请坚持循循善诱吧！

第 **5** 条

当孩子学不会某件事时

❌ **不恰当** 的话语

NO!

为什么还没学会?

◎ **恰当** 的话语

OK!

怎么样才能学会呢?

不要因为"做不到"而责备孩子。

要为了"做到"而耐心教导孩子。

孩子在成长过程中需要学会做各种各样的事情，"不会的事情"自然比"会的事情"要多。孩子之所以不会做，是因为当下还不知道方法，父母不应该因此责备孩子："为什么还没学会？""怎么还不会呢？"

当孩子做不到某件事时，父母应该先询问："怎么样才能学会呢？""哪里不会呢？"知道了疑难之处以后，再耐心向孩子讲解方法。

有时，即使孩子已经明白了方法，可能仍然做不好。例如，父母明明已经教会孩子要遵守约定，孩子也理解了，但依旧没有做到，这时就需要父母出言提醒，但不要说诸如"你怎么不遵守约定！"之类的否定句，可以说"需要怎么做你才能遵守我们的约定呢？"，这种肯定句更有助于改善现状。

"为什么还没学会？"这种话语暗指问题出在孩子身上，是对其人格的否定。而"怎么样才能学会呢？"这种话语的关注点在行动上，有助于解决实际问题。

有的父母喜欢强人所难，会向孩子提出一些过分的要求，一旦孩子做不到便会施加压力，责难孩子："到底什么时候才能学会？""上次不是教过你嘛！"如果你的要求在数量上或难度上超出了孩子的能力，那他一个人是不可能顺利完成的。父母首先应该考虑孩子的能力，一步一步来，一边教一边和他一起做。

第 **6** 条

如果孩子过于依赖父母

✕ 不恰当 的话语

NO !

自己的事情自己做。

▼

◎ 恰当 的话语

OK !

我们一起想想，怎样才能让你独立完成呢？

◡‿◡

陪在孩子身边，直到他能够独立完成。

不追求完美，只从容守候。

父母希望孩子能"自己的事情自己做"，乍一看，这一想法极其合理，是父母们的普遍愿望。但实际上这体现了一种"控制欲"，父母一般会在情绪烦躁时才说出这句话。"你自己来""别麻烦我""你自己做行不行"，这些话也是一样的，都属于父母单方面的要求。

　　当孩子做不到某件事情时，如果父母对其置之不理，那么，孩子是无法感受到爱的，只会感到困惑不安。有的孩子可能会因自责而陷入自我否定，或者干脆放弃不做了，养成自己做不到就依赖别人的习惯。即使孩子做不到，父母也应该陪在孩子身边，直到他能独立完成为止，这是教育的基本准则。身为父母，请陪在孩子身边支持鼓励他，可以对他说："我们一起想想，怎样才能让你独立完成呢？"和孩子一样，父母在面对这种事情的时候可能也会感到不安，不知道究竟要如何陪伴孩子，不知道什么时候需要停止帮助孩子，让他们自己去做。在这种情况下，可以先和孩子沟通，再决定做什么、做到什么时候、做到什么程度。如果是学校杂务、作业等每天必须要做的任务，你可以制定一个任务表或日程管理表，创造一个让孩子更容易独立完成任务的环境，用具体的行动来帮助孩子完成任务。

　　成年人也不是完人，很难做到尽善尽美，不必对自己过于苛刻。随着年龄的增长，孩子能做的事情会越来越多。我们不妨将其作为一种期许，耐心地守护在孩子身边。如果能拥有这种心态，就能比较从容地面对孩子成长过程中的困难吧！

第 **7** 条

当孩子的玩具散落满地时

✕ **不恰当** 的话语

NO!

> 快点整理好!

▼

◎ **恰当** 的话语

OK!

> 把书和玩具放到一起吧!

:)

陪孩子一起做,更容易培养其自主性。

父母应该重视孩子的"内在动机"。

只要将整理物品的方法教给孩子，他们就能立刻学会吗？答案是否定的。试想一下，其实大人也是一样，即便理解了方法也未必能够做好。

父母经常会不自觉地说出"快点整理""好好做"这种话语，殊不知这些都属于情绪表达，孩子是无法理解的。因此，父母最好具体地说明应该将什么物品整理到什么地方，例如，"把书放在书架上，把玩具放在这个柜子里，我们一起来整理吧！"，然后一边示范一边陪孩子一起整理。这样一来，孩子就可以体会到与父母团结合作的感觉，从而产生独立完成某事的意愿。

如今非常流行表扬式教育，但如果父母只是一味地表扬，会让孩子将"被表扬"视为努力的唯一目的。当他习惯了被表扬之后，希望得到认可的欲望就会膨胀起来。一旦没有得到表扬，就有可能丧失自信心。**表扬属于"外在动机"，一旦消失，孩子有可能会立刻失去做某事的兴趣。**

反之，"内在动机"是自己发自内心地想做某事，无须他人的表扬，只要获得成果就能够体会到成就感。"因为被表扬而感到开心"是源于外界的，"因为努力有了回报而感到开心"则是源于自己内心的，与他人无关。孩子今后要在社会上独立生存，这种"内在动机"是极其重要的。

当孩子总是邋里邋遢时

❌ **不恰当** 的话语

NO!

怎么吃得到处都是，真邋遢！

▼

◎ **恰当** 的话语

OK!

要吃得干干净净哦！

只可批评行为，不可否定人格。

不要降低孩子的自我认同感。

当你看不惯孩子的吃饭习惯或仪容外表，甚至是学习方法或生活态度时，有没有说过"你可真邋遢啊"这种贬低孩子的话？

还有"不守规矩""坏孩子""真笨啊""真丢人"等，这些话语其实都是对孩子人格的否定。父母想向孩子提出要求时，可以把焦点放在行动上，不应该上升到对其人格的否定，否则会降低孩子的自我认同感，有可能让孩子认为自己一无是处。

例如，为了纠正孩子吃饭邋遢的问题，你可以说"我们不要吃得这么邋遢，不要把食物洒在外面，要吃得干干净净哦"，但不要说"怎么吃得到处都是，真邋遢！"，后者是对其人格的否定。

如果在否定中成长，孩子有可能习惯去否定他人的人格，通过否定别人的人性、性格或资质来逼迫对方，用这种方式让自己占据优势。正如犯罪心理学中的主张："不要成为一个骗子"比"不要骗人"更具约束力。这是因为与行为评价相比，人们普遍对人格评价更加敏感。

我在做企业咨询时发现，社会上的职权骚扰案件大部分是由人格否定引起的，可见其危害性。放到幼小的孩子身上，有可能对他造成精神虐待。因此，父母只可以批评孩子的行为，不可以否定他的人格。

第 **9** 条

当孩子跟你顶嘴时

✕ 不恰当 的话语

NO!

我说话的时候，你老实听着！

▼

◎ 恰当 的话语

OK!

我认为这是不对的，你觉得应该怎么做呢？

:)

滥用权威会引起自卑或逆反心理。
应该表明态度并倾听孩子的意见。

当孩子的语言水平可以与大人对话之后，也许会发生顶撞父母的情况，这是孩子成长过程中很重要的一个阶段。遇到这种情况，请不要滥用家长的权威来压制孩子，例如，批评孩子"我说话的时候，你老实听着""不许顶嘴""这是可以对爸爸妈妈说的话吗"。在养育期内，父母对孩子的衣食住行等各个方面都拥有绝对的主导权，如果你还要进一步掌控、压制孩子，他们可能会变得畏首畏尾，不敢表达自己的意见，随着年龄的增长，还有可能产生强烈的逆反心理。**孩子是独一无二的个体，拥有独立的人格、个性和情感，绝不是对父母言听计从的机器人。**

其实，孩子顶撞父母也需要勇气。因为他觉得必须要表达出来，所以才鼓足勇气反驳你。

当然，孩子仍处于不辨是非的成长阶段时，大部分情况下，还是应该听从父母的引导，但作为父母，也应该耐心地倾听孩子的想法。

上面说的"倾听"并不表示一定要顺从孩子，如果他的想法是错误的，你可以用这种沟通方式来引导孩子积极思考："我认为这是不对的，你觉得应该怎么做呢？"这样做可以形成双向互动，从而促进孩子的心理健康发展。

第 **10** 条

如果你想改变孩子的生活习惯

✕ 不恰当 的话语

NO!

总吃甜食会满口蛀牙的!

▼

◎ 恰当 的话语

OK!

一天可以吃这些零食哦!

制定规则,同时说明原因。

细致的规则更利于改变习惯。

没有规则，就容易导致生活混乱。无论大人还是孩子，只要没有规则的约束，就容易放纵自己。

虽说如此，如果父母经常威胁孩子"总吃甜食会满口蛀牙的""吃这么多会变胖的"，而孩子自己却没有危机感的话，他是不会努力改变的，只会感到不开心。

但如果父母向孩子讲述自己的亲身经历，例如，曾经因蛀牙而疼痛难忍，因暴饮暴食而苦不堪言，孩子就会产生危机感，继而做出改变。

假如孩子仍然不理会你的提醒，你也不要危言耸听，可以通过制定规则的方式来改变现状，例如，规定每天的零食分量，告诉孩子"一天可以吃这些零食哦"。

如果你考虑到孩子的安全问题而想要设定一个门禁时间，或要求他放学后直接回家，那么，不要只对他说"早点回家"，应该同时说明原因："晚上外面有坏人哦，很危险呢。"这样孩子更能理解你的良苦用心。

如果你想培养孩子早睡早起的习惯，可以告诉他："睡眠好，身体才会健康哦。"这样孩子更容易感受到你对他的爱。

孩子一旦养成了坏习惯，就很难改掉。父母可以综合考量时间、数量、时机等多个维度，制定比较细致的规则。规则越细致，孩子就越容易执行。

第二章

保护孩子心灵的有效批评

　　在亲子关系中，"批评"可谓家常便饭，是一个非常重要的课题。有时是为了纠正错误的言行，有时是为了避免危险，总之，父母随时都可能批评孩子。

　　但不要把批评和发怒混为一谈。发怒是情绪化行为，目的是发泄烦躁与不满的情绪，这会影响孩子对你的信任。**批评则是理性地教导孩子判断善恶，让孩子明白其中的道理，促进孩子进步与成长。**

　　若父母一味地发怒，即使孩子没有当场反驳，也会逐渐变得情绪化。为了避免陷入恶性循环，当你感到自己情绪失控时，不妨暂时离场，先和孩子保持一定距离，让自己冷静下来。

　　假如你因失控而对孩子发怒了，应该向他道歉："我做得过分了，对不起。"父母也会犯错，所以，如果真的做错了，就要采取措施，努力修复和孩子之间的信任关系。

当孩子犯了错误时

✕ **不恰当** 的话语

NO!

> 不行!

▼

◎ **恰当** 的话语

OK!

> ×××很危险,×××好不好?

☺

否定句式难入耳。

应同时说明原因。

试想一下，假如你兴致满满地做了一件事，却被人泼冷水说"不行"，你会是什么心情呢？即便自己真的做错了，应该也不愿被人全盘否定吧。我相信，绝大多数人都不会欣然接受这种否定的。

　　孩子也是如此。而且，由于他们十分渴望得到父母的关爱，因此被父母全盘否定时，就更加难以接受，甚至会选择充耳不闻。类似的否定话语还有"绝对不行""你真是最差劲的""这是不可原谅的"等等，听着这些话长大的孩子，也会对他人说出同样的话。

　　当然，有些事情确实是不能做的，杜绝这种事情时应该同时向孩子说明原因。例如，"突然跑到马路上有可能被车撞到，不能这样做哦！""现在吃零食的话，晚饭就吃不进去了，忍耐一下吧！"

　　孩子仍处于成长阶段，无论犯下怎样的错误，父母都要把孩子当作一个独立的个体加以尊重，然后再耐心教导，直到孩子理解为止。这样做有助于培养孩子的自我认同感。

　　此外，父母也可以表达自己的心情。例如，当孩子做出伤害朋友的行为后，父母可以对孩子说："我感到很伤心。"当孩子没有遵守约定时，父母可以说："你总是这样做，我真的很不开心。"这样一来，孩子便会开始尝试理解父母的感受了。

第 **12** 条

当孩子和朋友在公共场合吵闹时

✕ 不恰当 的话语

NO!

> 吵死了！

▼

◎ 恰当 的话语

OK!

> 请小点声哦！

☺

想让孩子安静时，

应该小声提醒，同时避免情绪化。

孩子活泼好动是好事，开心时大声喧闹，往往也是率真可爱的，但是，一旦影响到他人，父母就需要上前提醒。此时如果父母只说"吵死了""安静点""闭嘴"，孩子也不会明白究竟应该把声音降低多少。

如果身处禁止说话的场所，可以告诉孩子："这里禁止说话，要遵守规定哦。"如果身处其他需要控制音量的场所，父母可以用符合情境要求的音量，提醒孩子"请小点声哦"，这样孩子更容易理解。

我偶尔会在地铁或餐厅看到这种情景：父母明明想让孩子安静下来，却用更大的声音斥责孩子，可谓言行不一。周围的人反而感觉父母的声音更吵，这就造成了更坏的影响。

当孩子因一时兴奋而对父母的话置若罔闻时，与其大声压制，不如走到孩子身旁，小声冷静地提醒他。

此外，大声移动物品或在安静场所开零食包装袋也会影响到他人，父母应该上前制止或提供帮助。**"小点声""安静点"等话语都属于情绪表达，小朋友是无法理解的，父母可以提供示范，供其模仿。**

第 **13** 条

当你无暇陪伴孩子时

⊗ **不恰当** 的话语

NO!

别碍事！去那边！

▼

◎ **恰当** 的话语

OK!

我正在工作，你等我 30 分钟哦!

被抛在一旁，孩子会认为自己没有价值。

父母应该给孩子一个安身的空间。

如今我们常常需要居家办公，工作、做家务和看孩子都在同一个空间进行，很难设定明确的边界。有时父母正在开视频会，孩子却突然入镜，引人发笑。居家开会的你，一定会感到不知所措吧。如果有非常重要的安排，你可以提前向孩子说清楚。例如，"从9点到9点半，不能跟妈妈说话哦！""从下午3点到4点，妈妈有重要的工作，这段时间自己到那边玩哦！"

　　不仅限于工作，忙于其他事情时，也不能说"别碍事，去那边""别跟我说话""别过来"，这是将孩子抛在一旁的行为，孩子会感到非常伤心。如果频繁这样说，甚至会让孩子认为自己毫无价值。这种全盘否定其存在价值的沟通方式，给孩子造成的心理创伤往往是不可挽回的。

　　即使你当下正忙得焦头烂额，也需要向孩子简单说明一下，例如，"现在妈妈在忙着工作，不能陪你玩呢"，只要这样的一句解释，也能为孩子带来安心。如果能进一步提出"星期六我们再一起玩"等替代方案，那孩子立刻就笑逐颜开了。亲子之间能否建立信任关系，就在这一句话当中。

　　释放"妈妈虽然现在不能跟你说话，但你可以待在旁边"这种信号，就等于认可了孩子的安身空间，充满爱意，又肯定了其存在价值。此外，一旦忙得不可开交，就很难保持耐心，因此，在闲下来时，一定别忘了向孩子解释缘由。

当孩子不理解你的话语时

✕ 不恰当 的话语

NO!

要说几遍才能明白?

▼

◎ 恰当 的话语

OK!

我再说一遍哦!

:)

听不懂,责任不在孩子。

应该询问孩子是否听懂,并耐心教导直至孩子真正理解。

明明说清楚了，孩子却不明白，这说明彼此之间并未实现真正的沟通。说者自认为表达清楚了，听者却不理解。如果你心里正在抱怨"要说几遍才能明白"，不如从自身找原因，可能是你的表达方式存在问题。然后再设法表达清楚，直到孩子理解为止。

"不要再让我重复了""我不会再说一遍""你怎么还不明白"，这些话都把焦点放在对方身上，属于"你向信息①"（You Message）。听者会产生一种被责备的感觉，自然难以接受。如果你认为问题在孩子身上，就会不自觉地说出这些话，这样是无法实现相互理解的。

反之，将焦点放在自身的"我向信息②"（I Message），更容易让人听进去。例如，"我再说一遍哦！""如果有听不懂的地方，要告诉妈妈哦！"

如果你询问"明白了吗？"，那孩子即使不明白也会不由自主地回答"明白了"，而"什么地方没听明白呢？"这种询问方式更容易引导孩子如实回答。**指望只说一遍孩子就能马上理解，这几乎是不可能的，父母应学会谆谆教导。**

---

① 你向信息（You Message）：指说者基于个人过强的主观意识，对听者的一种认识、判断或评价。

② 我向信息（I Message）：指说者对听者行为的感受，以及这个行为对听者的实质影响。

当孩子不停哭泣时

✕ **不恰当** 的话语

NO!

哭有什么用!

◎ **恰当** 的话语

OK!

为什么这么伤心呢?

责备孩子哭泣, 只会让他更加悲伤。

请学会耐心倾听。

同大人一样，孩子哭泣也是因为不能控制自己的情绪，这时是无法与他人冷静对话的。"哭有什么用""你要哭哭啼啼到什么时候"，这种责备只会导致孩子哭得更大声。

有的父母会威胁孩子"不要以为哭完就没事了""这是你的错，哭也没用"，如上文所述，这是对孩子的逼迫和压制，是控制欲的一种体现。如果孩子总被这样对待，将来很有可能也会以同样的方式威胁别人。

如果想知道哭泣的原因，不如贴在孩子身边细声询问："怎么了？为什么这么伤心呢？""发生了什么事呢？"其实只需要耐心倾听，孩子就能平静下来。因为用语言描述出来之后，内心的悲伤会倾泻出来。

父母不要居高临下地提出建议，只需要随声附和即可，做一个彻底的倾听者。

让孩子自由表达，有助于帮助他整理情绪、平复心情。如果你想发表意见，可以等他平静下来之后，用"我向信息"表达自己的意见，但不要对孩子的想法妄加评判。

第 （16） 条

当你到达忍耐极限时

× **不恰当** 的话语

NO!

> 我走了！

▼

◎ **恰当** 的话语

OK!

> 妈妈已经到达忍耐极限了，现在没办法冷静说话。

☺

母亲也不是完美的。

坦白与示弱，更容易得到理解。

当工作了一天或者带了一天的孩子，感到筋疲力尽时；当对任何事都提不起兴致，只想独处时；当和家人吵架而怒不可遏时……这些情况下，有的父母会对孩子脱口而出"我走了""你要是不听话，我就不管你了"之类的话语，在本质上都是一种威胁。对于孩子而言，父母是拥有绝对权威的，是自己最信赖的精神支柱。因此，父母的离开会让他感到惊恐万分，而利用孩子的这种感情施以威胁是极其残忍的行为。

如果你确实感到无法忍受，无论如何都想离开，也并非不可。此时建议设定一个期限，让自己独处一段时间。等心情平复下来，再回家抚慰一下孩子的情绪。对父母而言，保持心理健康也是非常重要的。

如果像《狼来了》中的小孩子一样，你总是把"我走了"挂在嘴边，却总是"虚晃一枪"，那么，渐渐地，这种话也会被当成耳旁风。与其如此，不如在真正无法忍受时向孩子诉说"妈妈已经到达忍耐极限了，现在没办法冷静说话"，然后暂时从手头的事务中解放出来。其实这样更加容易得到家人的理解。

当孩子不符合你的预期时

✕ 不恰当 的话语

NO!

我不管了！

▼

◎ 恰当 的话语

OK!

告诉妈妈，你想怎么做？

孩子不是父母的私有财产。

应该坦诚沟通，避免情感忽视。

与"我走了"相同，"我不管了""你自己在这儿吧""你随便吧""和我没有关系了"等话语，都像一种恐吓与控制，孩子对此毫无反抗之力。如果你经常把这些话挂在嘴边，孩子会渐渐变得看人脸色行事，不再如实表达自己的所思所想。

利用家长的身份威胁孩子，按自己的想法控制孩子，这其实源于父母的自卑感。换言之，这类父母本身就喜欢看人脸色行事，对自己感到厌恶或不满，认为自己并无价值，所以才试图通过压制比自己更弱小的对象来获得自信心。孩子被这样的父母教育成人，自然会害怕受到伤害，从而变得总是看人脸色行事，尤其对方处于强势的时候，这种情况更甚。

为了避免这种情况的出现，父母可以尝试平静地询问："告诉妈妈，你想怎样做?"从而实现双向沟通。当你感到痛苦的时候，可以坦率地将自己的烦恼和弱点告诉孩子，让他理解"原来大人也会有各种各样的烦恼，大人的生活也是不易的"。只需了解这一点，孩子的心里就会轻松不少。

孩子不是父母的私有财产，我们应该努力实现相互理解与尊重。

第 **18** 条

当孩子不愿意整理物品时

✕ 不恰当 的话语

NO!

不整理好，我就不要你了！

▼

◎ 恰当 的话语

OK!

我们一起整理吧！

附加条件的要求等同于威胁。

应该坦率说明情况，然后合作完成。

不少父母会陷入一种误区——认为附加条件会让孩子乖乖听话。他们喜欢对孩子说"不整理好，我就不要你了"，更有甚者，诸如"这么邋遢的孩子，我才不要呢""整天哭个不停的孩子，我最讨厌了"这种话也会挂在嘴边。这类父母喜欢通过附加条件来要求孩子，其结果会导致孩子很快就"活学活用"了，也通过附加条件的方式来接受父母的要求，例如，"你给我买游戏机，我就整理。"

那么，如何让孩子学会独立整理物品呢？可以说"我们一起整理吧""把贵重的物品放到箱子里，这样就不会弄丢了"，然后帮忙一起做。先赋予一个动机，再教授整理方法，然后询问"剩下的自己能完成吗？"，这样可以让孩子提起干劲。也许有人会问："大人一开始就帮忙的话，难道不会影响孩子自主性的培养吗？"其实结果刚好相反。试想一下，大人其实也是如此，如果上司不做任何培训指导，只说一句"交给你喽"，部下是很难成长的。

话说回来，成长速度因人而异，有的孩子需要很长一段时间才能独立完成。但教育孩子总有终点，不妨将其当作一个限时任务，按照孩子成长的节奏，享受与孩子共处的时光吧！

第 **19** 条

如果孩子不够独立

✕ 不恰当 的话语

NO!

你已经不是小婴儿了!

▼

◎ 恰当 的话语

OK!

不喜欢一个人独处吗?

不要把年龄作为标准。

任其依赖，孩子才能安心长大。

"你已经不是小婴儿了""你已经五年级了,还不会做吗""你已经10岁了,不要再做这种事了"……有的家长渴望孩子快快成长,于是经常拿年龄说教。这是一种试图以年龄作为论据,来证明自己的意见是正确的行为。

其实父母不应该把年龄作为标准,而应该把重点放在加深亲子关系上。以我为例,孩子睡前我会给他读书,这个习惯一直持续到他上小学六年级。每个孩子的发育程度以及个人爱好都不同,因此不必死板地认为"孩子都××岁了,一般不会做这种事了"。

父母只需关注自己孩子的成长状况,根据他的节奏做出安排即可。如果把年龄作为标杆去比较,会让孩子产生被忽视的感觉。

反之,不同任何人做比较,只把目光放到自己孩子身上,通过"不喜欢一个人独处吗?""想跟妈妈撒娇呀""不会做这个,很烦恼哦"等话语,**向孩子表示理解,那孩子会感到很安心,认为你懂他的心情。这样一来,孩子也可以理解他人的境遇和心情,更容易与人建立信任关系。**

孩子很快就会长大离巢,不如好好珍惜为他剪指甲、陪他去厕所这些依赖自己的日子。如果你能享受这些与孩子共处的时光,也许会在一定程度上缓解压力。

第 **20** 条

当孩子不听你的话时

✕ 不恰当 的话语

NO!

这么做会被老师批评的!

▼

◎ 恰当 的话语

OK!

妈妈认为你应该复习一下功课。

不要借助他人的权威。

与孩子一对一沟通很重要。

"会被老师批评的""我会告诉爸爸的"，这两句话母亲常常会脱口而出。有人误以为这样更具说服力，实则是在推卸责任。

　　说得再严苛一点，这本质上是因为你缺乏自信而无法在孩子面前树立自己的权威，于是企图借他人之力达成目的。换言之，拿他人的权威做挡箭牌，以表达自己的主张。

　　学校的老师、兴趣班的教练、严厉的父亲……这些都属于有一定权威的人。如果你和孩子讲话时总利用这些人的权威，那孩子也有可能尝试模仿这种行为。

　　此外，切忌与其他孩子比较，例如，"大家都是这么做的""小明可是非常努力的哦"等等。如果想向孩子提出要求，不妨直说，例如，"妈妈认为你应该复习一下功课""妈妈希望你能遵守约定，一天写 5 页作业"等等。

　　假设孩子仍然没有行动起来，可以问问他本人的想法。例如，"你想做什么呢？""什么时候开始呢？"这是与孩子的正面沟通，会让他感受到你的关心。如果无论如何都做不到积极沟通，请老师或父亲等第三方介入也未尝不可，但请记住，此时应该请对方面对面直接向孩子提出建议。

第 **21** 条

当孩子达不到你的要求时

✕ 不恰当 的话语

NO!

> 为什么不听话?

▼

◎ 恰当 的话语

OK!

> 做不到的原因是什么呢?

逼问"为什么",无法解决问题。

父母应该选择孩子便于回答的问法。

提出要求或表达意见时，使用"为什么"一词会让对方产生压迫感，十分危险。常用这个词的人属于"问题解决型"人格——不明原因就不会解决。

虽然这在理论上是正确的，但人类是感情动物，突然摆出道理逼问对方的话，结果会适得其反。

"为什么不听话？""为什么连这都不知道？""为什么总是丢三落四？"也是如此。之所以会适得其反，是因为这些话语一方面包含情绪化的因素，另一方面又在寻求一个合理的回答，这是自相矛盾的。即使是成年人，也无法带着情绪解决问题。此时应该采取具体的对策进行沟通。

例如，可以询问"做不到的原因是什么呢？""怎样才能减少丢三落四的次数呢？"，然后一同思考付诸行动的方法。把"为什么"（why）换成"怎么办"（how），这样孩子更容易回答。

"为什么"的说法侧重询问情绪，可以改为"当时的情况是怎样的呢？"等问法，也许你会发现孩子之所以做不到，是由于心理原因。总之，不要逼问孩子，要选择孩子便于回答的问法。

第 **22** 条

当孩子在公共场所做出令你丢脸的事情时

❌ **不恰当** 的话语

NO!

> 别丢人现眼!

▼

◎ **恰当** 的话语

OK!

> 不要一边走路一边吃东西,这样不礼貌。

:)

只有成年人才会感到丢脸。

阻止孩子做某事时,应该同时告知原因。

050

在地铁等公共场所，经常能看到批评孩子"别丢人现眼！"的父母，其实感到丢人的是父母自己，孩子并不在乎这些。对孩子而言，这都是无所谓的事。

例如，有的人喜欢在地铁上化妆。"在这么多人面前化妆，太没有礼貌了吧""真不要脸啊"——无论周围的人多么厌恶，本人仍然若无其事。

如果想阻止孩子做某事，应该同时说明原因。例如，"不要一边走路一边吃东西，这样不礼貌，等回家之后再吃哦""安静地坐在这里，否则会影响周围的人哦"等等。让孩子明白不能做某事的原因是非常重要的。

有的父母喜欢说"在这么多人面前，亏你做得出来""别人都在笑话你呢"，而我在做心理咨询时发现，很多人因为这种说法而感到自己被否定了。

试想一下，假如你因为喜欢而选择了某件物品，因为热爱而做了某件事，而这些只因父母的面子或虚荣心就被否定了，你会有何感受呢？当我们成年人遭遇压制或排挤时，都会感到自己无法得到他人的认可，从而陷入自我否定。更何况是孩子呢？他们有可能会因此一蹶不振，或者怀着对父母的怨恨长大。

父母不能按照自己的价值观扼杀孩子的个性。

第 **23** 条。

当你想让孩子做成某件事时

× **不恰当** 的话语

NO!

连这都不会吗？

▼

◎ **恰当** 的话语

OK!

筷子要这样拿哦！

责备只会打消积极性。

应该根据孩子的能力给予支持。

如果因为做不到某件事就被人嘲讽，成年人都会受打击，更何况是孩子呢？假如对方是自己万分信赖的父母，那就更严重了，孩子很有可能陷入"我真没用""我什么都做不好"的误区。

在"连这都不会吗？""就这么点事，该学会了吧！"这类言辞中，"这""这么点"等字眼模棱两可，令人迷惑。

此外，这些说法都是在责备孩子做不好某件事，其结果只会磨灭孩子的积极性。父母的出发点是想让孩子学会某件事，但这种沟通方式只会带来反作用。

那么，应该怎么教孩子呢？可以一边演示，一边说"筷子要这样拿哦""衣服要这样叠哦"，如果孩子仍然做不好，父母可以陪他一起做。

若想激发孩子的主动性，就应该积极引导他，可以说："一粒米饭都没有掉出来，真棒啊！""筷子用得这么好，妈妈好开心啊！"针对没有自信或自主性较弱的孩子，建议一点一点慢慢来。假设孩子不擅长数学，每天做 10 道题太过困难，不如让他坚持每天做 1 道题，这样有助于培养孩子的自信心。**总而言之，要根据孩子的能力支持鼓励他。**

第 **24** 条

当你想让孩子理解错误的原因时

✕ **不恰当** 的话语

NO!

错的是你吧!

▼

◎ **恰当** 的话语

OK!

你认为是哪里错了呢?

应该耐心倾听孩子的解释。

不容分说地怪罪孩子,只会影响其心理健康。

假如孩子做错某事，应该耐心询问"你觉得哪里做得不对呢？"，这样做有助于解决问题。如果不分青红皂白地指责孩子"肯定是你做错了！"，孩子无法理解错在哪里，只知道自己受到了责备。

也许事出有因，例如，孩子原本知道这是错的，但因朋友邀请等原因不得已而为之。但父母却不由分说，单方面认定错在孩子，这样一来，孩子也无心再解释了。

当孩子发生问题时，应该耐心地询问这样做的原因或苦衷，这是解决问题的根本所在。孩子一般都有自己的理由，父母应该给他一个解释的机会。

相互理解之后，再引导孩子思考解决办法。例如，"你认为是哪里错了呢？""怎样才能防止再次发生呢？""要避免同样的错误，应该怎么做呢？"

孩子犯错时，如果不分青红皂白地怪罪他，他有可能会逐渐学会隐瞒或说谎，这样问题就更加复杂了。不如视问题为机会，培养孩子养成积极找寻解决方案的好习惯。

对孩子许下的诺言，你都遵守了吗？

父母自身严守约定，有助于培养出一个同样遵守约定的孩子。

"下次放假我们去公园玩""下次来的时候，妈妈给你买零食"，这些日常生活中的约定，你都一一遵守了吗？对父母来说，随口的许诺也许是无心之谈，但对孩子来说，他们可能因为父母不兑现承诺而内心倍感受伤。

也许你当下确实想在这个周末带孩子去公园玩，然后这句话就脱口而出了。但真到了周末那天，突然觉得麻烦，失去了兴致，于是敷衍道："下次再去吧！"

或者当天发生了各种各样的突发状况，如突然感觉身体不适、天公不作美、临时有急事等等。

虽然对方是个孩子，但针对自己不能守约的行为，你还是需要向其说明缘由，并诚恳道歉。有时还需提出替代方案，找到折中的办法。

如果对方是一个成年人，你绝对不会毫无解释就违背承诺，只因对方是自己的孩子，就满不在乎，甚至丝毫没有意识到自己的行为有哪些不妥，这才是问题所在。哪怕对方是小孩子，我们也需诚恳相待。

同时，切忌为了应付孩子而轻易许诺。

有的父母喜欢随心情行事，时而同意时而反对，这种做法也会对孩子造成伤害，既然立下了规矩，自己也应该严格遵守。

与孩子相处时应该坚持一以贯之的态度，再小的约定也要严格遵守。这会提高孩子对父母的信任度，进而培养孩子保持稳定的情绪，教出一个更加明事理的孩子；同时还可以缓解父母的焦虑，让我们从容不迫地对待孩子，形成良性循环。

第三章

正向表扬有助力，消极表扬易受伤

不同的表扬方式，可能会带来截然不同的结果。只有具体地指出"哪里好""什么好""怎样好"，孩子才能够理解并接受你的表扬。例如，孩子完成钢琴演奏会之后，不要只夸"真棒"，可以对孩子说："弹得好熟练啊，节奏感非常棒。"孩子踢完足球赛之后，可以说："在宝贝的带领下，进了漂亮的一球呢！"这种具体的夸奖会让孩子觉得自己的努力得到了认可。

　　此外，不要把孩子与他的朋友做比较，如夸奖孩子"比小明还要努力呢"；用附加条件的方式称赞其他人也不可取，如说"小红考了 100 分，妈妈可喜欢她了"。

　　父母应该把焦点放在自己孩子的努力与成长上，看重过程而非结果，可以夸奖孩子："我记得你上次还不会做呢，现在已经学会啦！"然后表达一下喜悦之情，如"妈妈好开心呀""妈妈觉得好高兴"等等。若是再加上击掌等肢体接触的话，效果就更好了。

　　想办法激发孩子的积极性，这样能够加深你和孩子之间的感情。

当你想称赞孩子的绘画作品时

✕ 不恰当 的话语

NO!

真厉害!

◎ **恰当** 的话语

OK!

这幅画充满力量,妈妈也获得了满满的能量!

模棱两可式的表扬没有作用。

应该同时表扬过程,或描述你的印象。

"你真厉害"这句话用起来非常方便，因此有些父母经常挂在嘴边。当孩子努力做了某件事时，父母觉得应该先表扬一下，就会对孩子脱口而出"你真厉害""做得真不错"这种抽象的话语。

　　然而，不指明"好在哪里""哪个部分给人留下了印象"的夸奖方式对孩子的成长并没有太大的益处，而且还有可能让孩子误以为你并没有认真地对待他。

　　如果想表扬孩子的绘画作品，可以简单描述一下作品的特点和给你留下的印象，告诉他"这幅画充满力量，妈妈也获得了满满的能量"；如果孩子做数学题的正确率提高了，表扬孩子时可以侧重过程，称赞他"因为你每天努力练习，才取得了进步呀"。

　　我在做企业咨询时，来咨询的员工经常提到"如果领导只表扬我'做得不错'，会降低我的工作积极性"。由此可见，领导夸奖员工时也是一样的，只有具体地指出好在哪里，员工才能感受到自己的努力被看到了。

　　当然，父母表扬孩子时无须面面俱到，如果不知道怎样才能做到"具体"，可以询问孩子："进步了这么多，是怎么做到的呀？"这样，也许孩子就会得意扬扬地自我表扬起来："因为我努力练习啦！"

　　此时父母可以附和道："宝贝真的非常努力呢！"这可以让孩子继续保持积极性。

第 **26** 条

当孩子遵守了你们之间的约定时

❌ **不恰当** 的话语

NO!

不错!

◎ **恰当** 的话语

OK!

你能遵守约定，妈妈好高兴啊!

居高临下的沟通方式会引发孩子的强迫性思维。

应该站在平等的立场上，对行动进行评价。

"不错"这句话听上去和"真厉害"差不多，其实两者的性质完全不同。"真厉害"基于对等的立场，而"不错"则是说话人基于自己地位更高这一前提，居高临下地评价对方的语言。

　　也许有人会认为这没有关系，因为父母本身地位就比孩子高。但是，哪怕对方是一个小孩子，我们也应该将其视作一个独立的个体表示尊重，这种态度是非常重要的。表扬孩子也需要在尊重孩子的前提下进行，父母可以针对孩子的行动进行称赞。例如，"你能遵守约定，妈妈好高兴啊！""天气这么冷，你跑了这么长时间，一定很累吧！""成绩进步了，这段时间你一定很努力。"

　　有的亲子关系更像是一种上下级关系，而上下级关系属于支配关系的一种。如果父母总是居高临下地对待孩子，孩子可能会形成"强迫性思维"，不顾自己的想法，只为满足父母的期待，一旦没有得到表扬，就会陷入自我否定或自我厌恶当中，甚至还有可能迷失自我。

　　如果你经常把"不错"这句话挂在嘴边，不自觉地利用家长的权威控制孩子，那么，你在职场或学校等家庭之外的场所也有可能是这样对待其他人的，请引起注意。

　　不以好坏评价对方，才有助于建立平等的关系。对待孩子，请不要评价其人格，只评价其行为就好！

第 **27** 条

当孩子取得好成绩时

✕ 不恰当 的话语

NO!

考了 100 分，真棒!

◎ 恰当 的话语

OK!

都是因为你努力复习了，所以才考了 100 分呢!

表扬时应该重视过程，而非结果。

父母的表扬方式，会直接影响孩子自信心的建立。

孩子在这次考试中考了100分，在绘画比赛中取得了第一名，今天的数学题全都答对了……当孩子取得了一定的成绩时，父母往往会针对这个成绩进行表扬。

如上文所述，这样的行为同样有可能让孩子形成"强迫性思维"，他们会在大脑中形成一种既定印象——"一旦没有做出成绩就得不到认可"，进而把结果看作唯一目的，逐渐变得不敢挑战，只要有犯错的风险就立刻选择逃避。这样的思维方式极有可能影响孩子的心理健康。"考了100分，真棒""一道题都没错，真是好孩子""真聪明"等表扬方式都是针对成绩进行表扬，都有可能引发上述后果。

当孩子考了100分时，父母可以针对其过程进行表扬。例如，"都是因为你努力复习了，所以才考了100分呢！""遇到问题时，你马上就去请教了老师，所以这次作业全部答对了呀。"这类话语会让孩子建立自信心，认为只要努力就能做到。假设孩子只考了70分，但是对原来完全不懂的题目加深了理解，那父母也可以针对他所做的努力进行表扬。

表扬时应该重视过程，而非结果。这样做可以让孩子感受到自己的努力获得了认可，从而变得自信起来，并且开始享受努力的过程。

人生漫长，我们并非总能取得好结果。为了培养孩子坚持到底的毅力，父母表扬时应该侧重努力的过程。

第 **28** 条

当你想让孩子更加努力时

✕ 不恰当 的话语

NO!

这不是能做到嘛！下次再加把劲！

▼

◎ 恰当 的话语

OK!

因为你努力了，才取得这样的成绩，妈妈好开心！

对孩子的表扬应该彻底。

不断提出新要求，只会降低孩子的成就感和积极性。

父母容易对孩子产生望子成龙的期待。你是否也有过这种念头："莫非我的孩子是天才？""好像他有过人之处？"

不少父母深信自己的孩子是具有天赋的，现在还没有取得成绩只是因为孩子不努力，只要认真起来他就一定能做到。这类父母容易对孩子的能力产生期待。如果只是暗暗期待还好，而一旦把这份期许强压给孩子，就会给他造成巨大的压力。

所以如果要表扬孩子，请彻底地表扬。例如，当孩子入围了钢琴演奏比赛时，可以说："因为你努力了，才取得这样的成绩，妈妈好开心。"这就足够了。如果再加上一些不该说的话，例如，"下次要更加努力哦""再努力一点的话，还能弹得更好呢"，孩子就会感到惶恐不安，认为自己一旦辜负了期待就得不到认可了，还有可能因此感到愧疚，更有甚者会干脆放弃，认为自己都已经这样努力了，却仍然得不到父母的认可，索性破罐子破摔。

表扬孩子时，不应该附加任何额外的要求，这样才有助于培养孩子的自信心和自我认同感，否则会让孩子陷入漫无边际的泥沼，他可能会误以为自己无论多么努力都无法得到父母的认可，今后无论做什么事情都体会不到成就感，只会感到痛苦。因此，既然要表扬孩子，就表扬得彻底一点吧！

第 **29** 条

如果孩子（老大）帮助了你

× **不恰当** 的话语

NO!

还是哥哥（姐姐）靠谱!

▼

◎ **恰当** 的话语

OK!

幸好有你帮我。

在比较中长大的孩子，也会养成比较的习惯。

表扬孩子要做到对事不对人。

兄弟姐妹之间的比较会对孩子人格的形成造成巨大的影响。"哥哥学习那么好，你却×××""妹妹那么可爱，你却×××"，在这类话语中长大的孩子，大多数在成年之后仍然无法释怀。实际上，我常常在社会人士的心理咨询中听到此类烦恼。

其中最常见的是在家里排行老大的哥哥姐姐们，在父母的要求下，他们被迫扮演着"懂事"的角色，从而引发了一系列的问题。为了避免孩子被这种枷锁束缚，父母应该公平、平等地对待所有孩子。当老大帮助了自己，也不要脱口而出"还是哥哥（姐姐）靠谱"这种话语。

可以说"幸好有你帮我""谢谢你帮妈妈一起准备"。这是在对其行为、行动表达感谢或赞赏，能让孩子感到安心，同时感受到自己的价值。此外，也不建议使用"不愧是男子汉""还是女孩子好，是妈妈的小棉袄"等带有性别差异的话语，可以换成"真是大力士""真贴心"等与性别无关的话语，针对行为本身进行表扬。

以上建议不仅限于兄弟姐妹之间，父母拿孩子与其他任何人做比较都不可取。在比较中长大的孩子，成年之后仍然需要通过比较来获得认同感，会一直生活在压力当中。父母应该认可孩子本身的价值，帮助他度过轻松的人生。

第 **30** 条

当你想让孩子不要在意成绩时

❌ **不恰当** 的话语

NO!

> 最后一名也没关系，下次加油！

▼

◎ **恰当** 的话语

OK!

> 妈妈永远支持你！

不被期待的孩子会画地为牢。

父母应该积极鼓励孩子。

不想给孩子施加压力，想让孩子享受过程，不在意结果……有的父母本着这种善意鼓励孩子："最后一名也没关系，下次加油！"殊不知这类话语会给孩子造成一种误解：爸爸对我毫无期待，妈妈认为我并不出色。在孩子耳中，这句话听上去仿佛在说"我不行"。

除此之外，对不想上学的孩子说"去吧，你去学校里做什么都行，只要不退学就可以了"；对正在学习某项特长的孩子说"只要你能去参加考试（比赛）就可以"，都会给孩子造成这种错觉。

父母望子成龙的心态会给孩子带来负担，而期待过低则会让孩子觉得自己不被重视。即使孩子成绩不好，特长也拿不出手，父母也应该积极鼓励孩子，可以对他说"妈妈永远支持你""去好好享受过程吧"等鼓励性语言。

成长速度因人而异，孩子明明拥有无限的可能，父母却早早地画地为牢，将孩子原本可能大放异彩的才能扼杀在摇篮里，这是一件非常令人遗憾的事。其实，父母只需要扮演"头号粉丝"的角色支持孩子，守护孩子的成长，就能给他一个安心努力的环境。

第 **31** 条

当你想让孩子更进一步时

✕ **不恰当** 的话语

NO!

考第一名，妈妈就给你买游戏机。

◎ **恰当** 的话语

OK!

宝贝有进步，爸爸妈妈好开心！

有附加条件的赏罚属于"外在动机"，不可持续。

应该鼓励孩子形成"内在动机"。

"考第一名，妈妈就给你买游戏机""好好学习，爸爸就给你零花钱"，你是否也曾以这种交换条件的方式要求孩子努力学习呢？

　　这种话语看似可以调动孩子的积极性，其实不然。反之，如果孩子没有达到要求，父母就施以惩罚，也是不可取的。这些有附加条件的赏罚都属于"外在动机"，行为目的都是来自外界的。父母总是采用这种方式鼓励孩子的话，孩子将会为了游戏机和零花钱等物质回报而努力，而不是为了争当第一名或提高学习成绩而努力。这将阻碍孩子形成内在的积极性，一旦缺少物质回报，他就不会再努力了。

　　反之，"内在动机"源于内在欲求，如"出于兴趣""因为能感到快乐""因为内心喜欢""付出的努力得到了回报，能体会到成就感"等等。如果出于这种内在动机而行动，孩子更容易养成努力的习惯，因为内在动机会化作独立思考、解决问题的力量源泉。当孩子考了100分，父母可以和他一起分享喜悦："宝贝有进步，爸爸妈妈好开心！"这有助于激发孩子的积极性。

　　我也曾向孩子说过"如果连续三次考100分，想要什么妈妈都给你买"这种话，结果孩子意外地犯了平常根本不会犯的错误。后来询问原因才知道，因为他压力太大，导致考试时过于紧张，所以才出现了错误。我这才领悟到问题所在，于是尝试改变了说话方式，只和孩子表达自己的心情，不再附加任何条件。自此之后，孩子考试时再也没有因压力大而犯过低级错误。由此可见，比起实际的物质条件，和孩子分享心情更加重要。

第 **32** 条

当你想表扬孩子独立时

✕ 不恰当 的话语

NO！

你一个人也能做到啦！

▼

◎ 恰当 的话语

OK！

你一个人也能做到啦！如果需要帮助，就告诉妈妈（爸爸）哦！

敷衍会让孩子产生被忽视的感觉。

表扬完孩子之后，最好附加一句贴心话。

几乎所有孩子都渴望得到父母的认可。随着年龄的增长，有的孩子会开始尝试独立做一些事情。这对孩子来说是迈出了一大步，因此很多父母会称赞："你一个人也能做到啦。"如果只说这一句话，可能会让孩子产生被敷衍的感觉。

有些父母认为"放任"有助于培养孩子的自立能力，事实确实如此，但是，如果孩子感觉自己不被重视，以为自己并不重要，就有可能开始变得不重视自己。我在做心理咨询时发现，很多心理疾病都是由不重视自己引起的。

那么，应该怎么办呢？其实，说完"你一个人也能做到啦"之后，如果再补充一句"如果需要帮助，就告诉妈妈（爸爸）哦"，孩子便会产生一种被你用心守护的感觉。

如果孩子不需要你动手帮忙，你可以陪在他的身边，以备不时之需。你的陪伴也能给孩子带来安全感，从而培养他独立完成某事的积极性。

当孩子长大成人，要离开父母的羽翼了，才是父母真正应该放手的时候。在放手之后，如果能继续无条件地支持孩子，我想也能给他带来几分底气吧！当孩子无法独立完成某事时，能坦率地向父母求助，这是多么美好的事啊！

第 **33** 条

当你想让孩子放松心情时

× **不恰当** 的话语

NO!

没关系，没关系。

◎ **恰当** 的话语

OK!

试着沉肩放松一下吧!

毫无根据的鼓励没有实质意义。

应该感同身受，引导孩子放松下来。

"没关系"说起来非常方便，所以人们经常挂在嘴边，我也不例外，但这句话所带来的影响值得我们注意。

　　毫无根据的"没关系，没关系"听上去有点敷衍，给人一种你并没有认真体谅对方心情的感觉，还有可能让人误以为你不重视他。"别担心"这句话带来的效果也是一样的，只要当事人自己感到不安或担心，无论别人说多少遍"没关系""别担心"都是无济于事的，所以这种沟通方式是无效的。

　　试想一下考试前的场景，如果别人对你说"别紧张"，你是不是反而会更加紧张呢？

　　所以，如果你想对孩子说一句鼓励的话，不如说"试着沉肩放松一下吧"，以感同身受的语气体谅孩子的心情。还可以说"只要能正常发挥就好啦""按照自己的节奏来"等等。

　　身心是一体的，当身体僵硬时，心情也是无法放松。为了让内心平静下来，不如建议孩子做深呼吸或沉肩等放松动作。**不要试图强行改变孩子，而要接受孩子本身的状态，在这个前提下向他表达关怀与支持。**

第 **34** 条

当你想表扬孩子的能力时

✕ 不恰当 的话语

NO!

你能做到是应该的。

▼

◎ 恰当 的话语

OK!

一直以来的努力有了回报，真开心啊！

期待过剩会打消孩子的积极性。

一定要认可孩子的努力。

假设你经过一番努力之后取得了一定的成绩，那么，听到哪一句话会让你更加高兴呢？是"一直以来的努力有了回报，真开心啊"还是"你能做到是应该的"？我想大多数人都会选择第一句。

然而，越是那些认为自己的孩子很优秀、对孩子有所期待的父母，就越容易说出"你能做到是应该的"这句话，还误以为这是对孩子的称赞，殊不知这忽视了孩子的努力，属于期待过剩。孩子不仅不会高兴，反而会感到失望。

在职场中，假如上级对下属说出这句话，那么，再优秀的下属也会以为自己的努力并没有得到认可，会因此感到失望沮丧。更何况是小朋友呢？父母说这句话时，一般是想表达"因为你非常优秀，所以能够轻而易举地做到这件事"，原本是为了鼓励孩子，但传递给孩子的只有期待过剩所造成的巨大压力，最终很可能会降低孩子的积极性。越优秀的人，越容易栽跟头，也许就是这个原因吧！

父母可以针对孩子的成绩进行表扬，但不要忽视孩子付出的努力和时间。**正如前文所述，一定要侧重表扬努力的过程，才能避免孩子只重视结果，从而让孩子始终保持努力的态度。**

唯结果论，百害而无一利。如果孩子能做到不在意结果，只在意努力的过程，那么，将来面对挫折时，抗压能力会更强。

第 **35** 条

当你想表扬孩子听话时

✕ **不恰当** 的话语

NO!

你最大的优点就是听话。

▼

◎ **恰当** 的话语

OK!

你对妈妈的帮助很大！谢谢你！

⌣

表达爱时，如果附带条件会适得其反。

应该无条件地认可孩子本身的价值。

父母都希望自己的孩子听话，但是，如果你只认可他听话这一个优点，会让孩子误以为自己除此之外一无是处。

孩子都渴望得到父母的宠爱。处于成长阶段的孩子，有时难免会出现不想做或不会做某事的情况，此时如果父母一味地强迫孩子去做，最后可能会以孩子无助哭泣收场。有些父母只能接纳听话的孩子，于是孩子被迫扮演着听话的角色，在无奈与忍耐中变得越来越孤独。在成年人的世界里，那些不愿麻烦别人、不懂得向他人求助的人，往往都拥有一个"被迫忍耐"的童年。

即使孩子在你的眼里既听话又懂事，也不应该忽视他的心情和想法，仍然要认真地称赞他，并向他表达感谢。

"你对妈妈的帮助很大！谢谢你。""有你帮忙整理，妈妈很开心！谢谢你。"孩子听到这样的话语，会明白妈妈不只是在表扬他，还在真诚地感谢他。如果父母总是附加条件地向孩子表达爱、赞美或认可，那么，一旦那个条件消失了，孩子本身的价值也将随之消失。

毋庸置疑，孩子的存在本身就是价值所在，因此，父母对待孩子不应该附加任何条件，只需要无条件地认可孩子就好。

用个性优势塑造
孩子的好性格

第四章

以我多年的心理咨询经验来看，人的性格与人格是由"先天素质"与"后天环境因素"共同塑造而成的。有人用完全相同的方式培养自己的几个孩子，但孩子们的个性却截然不同，这一点正好可以印证我的想法。

性格没有好坏之分，任何性格都有利有弊。因此，**父母应该竭尽所能去发现孩子的优点，绝不能做出否定孩子人格的事**，否则会**给孩子的心灵造成重创**，甚至会对他成年之后的人格塑造带来不良影响。

用心呵护孩子的尊严也很重要。应该尊重其独立的人格，以平等的身份对待他，过分宠溺或过分严苛都是不可取的。即使对方是一个小孩子，我们也不能随意敷衍应付。哪怕孩子现在只是一个婴儿，我们也可以通过频繁互动来加深孩子对父母的信任。正因为是亲子关系，父母才更应该努力与孩子进行沟通，以增进彼此间的感情。

第 **36** 条

当你想让孩子更加懂事时

❌ **不恰当** 的话语

NO!

你已经是大姐姐（哥哥）了！

▼

◎ **恰当** 的话语

OK!

宝贝受委屈了。

强行灌输角色意识，会引发孩子的逆反心理。

应该创造便于孩子表达的环境。

怎样才能培养孩子的角色意识或责任心呢？其实这是无法通过外界培养的，只能靠孩子自己学会。很多时候，父母越强迫，孩子就越逆反。我们应该经常性地对孩子所做的努力表示认可，例如，当孩子悄悄帮忙做了某件事时，你可以说"这一定是你帮我做的吧"。

有些父母喜欢通过强调孩子的特殊性来培养他的角色意识，例如，对孩子说"你是姐姐，应该让着弟弟妹妹""你是大哥哥了，要学会忍让"，这有可能对其性格及人格的塑造带来不良影响。在职场中，如果有人说"普通职员就要有个普通职员的样子""做事要符合你组长的身份"，那算得上是一种职权骚扰了。

如果父母总是在家里强行分配角色，孩子长大后容易出现压抑情绪的倾向，往往会过于在意别人的要求，而把自己的情绪封闭起来。最终连自己的真实想法都不知道了，导致情绪越来越失控。

为了避免出现这种情况，父母应该努力创造一个让孩子容易表达真实情绪的环境。如果孩子为了让父母放心而选择了忍让，就对他说一句"宝贝受委屈了"。这样做，孩子也许能够直接感受到你的理解和关心。

父母不应该把自己的价值观强加给孩子，应该鼓励孩子树立自己的价值观，坦率地表达自己的意见。此外，建议各位父母多抽时间和孩子面对面沟通交流，这样做有助于帮助孩子建立安全感。

第 **37** 条

如果你也有这种刻板印象

✕ 不恰当 的话语

NO!

> 女孩子（男孩子）就应该 ×××。

▼

◎ 恰当 的话语

OK!

> 自己喜欢是最重要的。

性别差异是一种刻板印象。

应该给孩子自由选择的权利。

我们这代人从小就听着"女孩子就应该×××""男子汉就要×××"这种话语长大，我也不例外。虽然我小时候听到这些话时有过抵触感，但自己做了妈妈后，也经常会不自觉地脱口而出。

"女孩子不要穿那种衣服""男子汉不能哭"，如果一味地向孩子灌输这种想法，那今后他遇到真正喜欢做的事情时也会犹豫不决，甚至有可能会选择放弃。这种"印刻效应①"的影响是不可估量的，孩子长大后也很难完全摆脱。正是这个原因，人们容易在无意识中受到传统价值观的束缚，为自己的生活方式或工作方式设定很多条条框框。

"要有×××的样子"本身就是一种刻板印象，我们不可以强加于人。孩子也有自由选择的权利，父母应该教育他重视自己的喜好，引导他在自己选择的领域发挥所长。

如果孩子做某件事时犹豫不决，父母应该尊重其意见，告诉孩子"自己喜欢是最重要的""去做自己真正想做的事吧"。假如他反问"妈妈会怎么做呢"，这时可以如实告诉他你的真实想法，但不要把自己的想法强加给他。

---

① 印刻效应：指动物出生后早期的学习方式。动物会对所看到的第一个大的行动目标进行学习。该效应不仅存在于低等动物之中，同样存在于人类。初生婴儿从外界获得的影响对其发展具有决定性的意义。

第 **38** 条

当你想让孩子听从父母的意见时

✖ **不恰当** 的话语

NO!

按照妈妈说的做!

▼

◎ **恰当** 的话语

OK!

妈妈认为这样做比较好,你觉得呢?

"印刻效应"往往会造成不良影响。
父母应该接受孩子的不同。

有的父母为了避免孩子受挫，或者为了把孩子引到自己希望他走的道路上，凡事都让孩子听自己的。这在孩子9岁之前也许行得通，但不要以为他会永远听从父母的。

只要对孩子有益，"印刻效应"并不一定是坏事，但在现实生活中，很多受到人际关系困扰的成年人，他们的父母都喜欢将自己的价值观和想法强加给孩子。如果一个人在童年时期经历了负面的"印刻效应"，那么极有可能会影响其人格的塑造。

虽说亲子连心，但父母和孩子也是相互独立的个体。父母不应该单方面压制孩子，强迫他"按照爸爸（妈妈）说的做"。

但是你可以向孩子提出建议："妈妈认为这样做比较好，你觉得呢?"然后耐心地倾听孩子的意见。

如果父母独断专行，总是擅自决定一切，渐渐地，孩子会变得不喜欢思考。我们的教育目标应该是培养一个能够独立思考的孩子，而不是一个没有父母就一无所能的孩子。强迫和压制的教育方式恰恰会适得其反，是不可取的。父母应该耐心地倾听孩子的想法，在包容差异的前提下与孩子沟通交流。

第 39 条

当你带孩子出去玩，他却感到无聊时

× **不恰当**的话语

NO!

都是为了让你开心才抽空来的!

▼

◎ **恰当**的话语

OK!

感觉这里不是很好玩呢!

要求孩子符合父母的预期是不合理的。

教育应该不拘过去，放眼未来。

带孩子去主题公园，买玩具哄孩子开心，给孩子准备可口的饭菜……当你为孩子做了精心的安排，却没有得到预期的反应，应该会感到很失望吧！很多时候，你越是对孩子的反应抱有期待，他任性时，你就越感到烦躁。

但是，这种想法其实是不合理的，是父母单方面要求孩子给予等价回报的表现。父母的选择也未必总是符合孩子的预期，却总把责任推卸给孩子，认为不快乐是孩子自己的问题，这其实是一种"精神暴力"。

如果孩子毫无兴致，你可以尝试问一句："你想玩什么呀？"如果你自己也觉得这次挑选的公园有点无聊，可以如实告诉孩子："感觉这里不是很好玩呢！"这样反而能够化解和孩子之间的隔阂。

"反正去哪儿你都不会满意""妈妈买的玩具，你很快就玩腻了"，这样的挖苦讽刺只会伤害孩子。**不要执着于已经过去的事，要把目光放在未来，积极地寻找解决方案，这样可以改善双方的情绪。**

把期待放在别人身上——"以他人为中心"，这一类的做事方法只会令人疲惫，即使我们已经为人父母了，也要"以自己为中心"，找到自己不快乐的根源，想办法先让自己快乐起来，才能够积极影响孩子，让孩子也感受到你的情绪变化，进而调节好自己的情绪。

第 **40** 条

当孩子成绩不好却毫不反省时

× **不恰当** 的话语

NO!

你怎么一副无所谓的样子?

▼

◎ **恰当** 的话语

OK!

我们先把心情调整好哦!

不要擅自揣测孩子的想法。

应该细心照顾到孩子的情绪。

如果你的孩子属于沉稳内向型的性格，那即使在发生问题时，他也会尽量表现得毫无波澜。但这只不过是外在表现，孩子的内心早已经波涛汹涌了。尤其是涉及学习成绩或兴趣特长时，如果他的努力没有获得令人满意的结果，孩子本人是最不甘心的。

　　对于失败后没有表现出任何异常的孩子，请不要说这样的话："你怎么一副无所谓的样子？""是不是你想得太简单了？"这类话语会让孩子产生被误解的感觉，加深对他的伤害。建议贴心地说一句"我们先把心情调整好哦"，给孩子送去一点温暖。

　　如果你嘲讽或轻视孩子，他可能会产生误解，以为你没有接纳真实的他，从而不再愿意表达自己的意见。孩子将来需要生存在错综复杂的人际关系中，这种误解对他来说绝对是毫无益处的。

　　沟通时应该把焦点放在问题的解决上，可以对他说："接下来应该怎么做呢？我们一起想想吧。"孩子还小，无法流畅地表达自己的想法，父母应该照顾到他的情绪。

　　"无论我是否优秀，父母都能接纳最真实的我"，这样的感知体验有助于培养孩子的包容心。

第 **41** 条

当孩子毫无上进心时

✕ **不恰当** 的话语

NO!

你能不能有点上进心啊?

▼

◎ **恰当** 的话语

OK!

你将来想做什么呀?

当孩子感到迷茫时,应该陪他一起思考。

通过日常对话培养孩子的意识。

孩子升入高中或大学之后，很多父母会开始担心孩子的前途和就业问题。如果看到他每天无所事事，也许会忍不住干涉。出于鞭策孩子的目的，有些父母会抱怨"你要无所事事到什么时候""什么时候才能有点上进心啊"，但是这些话毫无作用，只会惹孩子厌烦。

事实上，大部分孩子并不知道自己未来想做什么，所以他们并不是故意无所事事，只是还没有确定目标而已。这时，父母不如先耐心地询问孩子："你将来想做什么呀？"如果孩子还没有思考过这个问题，你可以尝试寻找一个新的话题，例如，"有没有喜欢做的事呀""做什么事最开心呢""对什么感兴趣呀"等等。得到具体的答案之后，再和孩子一起思考能否和就业联系起来。

如果你对孩子有具体的期许，不妨坦率地告诉孩子，但别忘了同时说明原因。如果孩子想从事配音演员、漫画家这种需要特殊才能的职业，父母可以引导孩子去查询怎样才能实现这个目标，这是比较现实的做法。与此同时，还可以告诉孩子你能在多大程度上向他提供支持。

其实孩子也会因为前途而烦恼，也会思考自己究竟适不适合做某事。制定就业目标不能急于一时，父母可以在平日里多和孩子讨论关于职业规划的问题。

第 **42** 条

当孩子因为不努力而考试失败时

✕ 不恰当 的话语

NO !

我就说你不行吧!

◎ 恰当 的话语

OK !

你觉得怎么做，下次才会成功呢?

轻视孩子只会打击他的自信心。

应该支持孩子将失败转变为经验。

对孩子来说，最难过的事莫过于父母轻蔑地对自己说"你不行"这句话了。"我就说你做不到吧""都是因为你不好好复习，才考成这样的""明明你自己做不好，还非得逞强"，这些说话方式都属于轻视型语言，在这种轻视中长大的孩子，自我认同感普遍都比较低。

"反正做了也白做"中的"反正"是一个危险词汇，会让孩子养成"努力也没有用"的思考习惯。即使没有做好的原因在于孩子没有付出足够多的努力，也不要对他说"我就说你不行吧"这种话，应该激发孩子想要努力的想法，可以这样说："你觉得怎么做，下次才会成功呢？""为了下次能通过，我们想个作战方案吧！"

不要对孩子说这类消极语言："我对你没什么指望。""什么都做不好的孩子，我才不喜欢呢！"不要擅自决定孩子的上限，应该教导他明白"失败乃成功之母"的道理。

正如前文所述，将失败视为一次珍贵的经历，重视过程而非结果，这样更容易培养孩子百折不挠、越挫越勇的性格。在这个过程中，父母的协助和支持是必不可少的。

如果孩子暂时做不到，也请不要责备他，要帮助他、支持他。可以把孩子看作自己的"命运共同体"，直到他能够自立为止。在这个过程中你也许会发现，孩子很快就学会独立思考了，还会努力地去寻找解决问题的方法。

第 **43** 条

<u>当你对孩子感到不放心时</u>

✕ **不恰当** 的话语

NO !

我来帮你。

▼

◎ **恰当** 的话语

OK !

有困难我会帮你，先自己做做看！

☺

过度保护或过度干涉，会影响孩子建立自主性。

在父母可承受的范围内，应该让孩子自己去试错。

随着年龄的增长，孩子要学会自己制订计划、安排日程、管理生活和学习中的各种琐事。在低年级阶段，很多孩子都做不到自立，需要父母代劳。但当孩子到了高年级，父母就应该训练孩子自己做自己的事情了。

宠爱孩子是父母的天性。父母总是会不由自主地说出"我来帮你"这句话，一部分父母甚至会通过照顾孩子来获得满足感和成就感，但是，这种行为其实是在利用自己的孩子，将其作为获得成就感的工具。**"我来帮你"这句话是父母过度保护或过度干涉孩子的体现，有可能会影响孩子独立意识的建立。**

父母应该积极引导孩子勇敢尝试、不断试错，这样才有助于培养孩子的自主性。引导时如果能贴心地对孩子说一句"妈妈就在旁边，你自己做做看""先自己做，有困难妈妈会帮你"，孩子就可以安心地挑战了。

如果孩子做什么事都要父母代劳，步入社会后可能会极度恐惧失败，一旦失败就有可能一蹶不振。因此，在我们能够承受的范围内，应该让孩子不断试错、习惯失败。一边品尝失败的滋味，一边积累成功的经验，这有助于孩子建立自信心。

第 **44** 条

当孩子不向别人打招呼时

NO!

你怎么总是这样？

▼

◎ **恰当** 的话语

OK!

妈妈希望你 ×××。

否定和强制要求都是无效行为。

应该用肯定句式向孩子坦率表达意见。

孩子进入青春期之后，无论是态度还是言行举止，都有可能让父母感到不悦。当你想提醒他改掉这些习惯时，会怎么说呢？

若采用否定对方或强制要求的方式，孩子一般不会乖乖听话。也许你的本意是教育孩子，但是"你怎么总是这样""别总板着脸""连打招呼都不会吗"等诸如此类的说话方式只会招致孩子的反感。请不要擅自决定孩子应该怎么做，但是可以坦率地向孩子表达自己的意见，例如，你可以告诉他"别人跟你打招呼时，妈妈希望你能友好地回答""妈妈觉得×××比较好""妈妈认为这种态度不是很好"等等。

此外，请尽量不要对孩子使用否定句。即使你认为孩子的穿衣打扮或兴趣爱好存在问题，也不应该按照自己的价值观否定孩子，不要对他说"这么穿太奇怪了吧""你可真没品位啊"，可以换成"我觉得那一件更漂亮呢""这件衣服好适合你呀"，这种积极语言更容易让孩子接受。

当然，如果孩子的行为影响到了别人，或是做了不礼貌的事情，那么，父母应该立刻指出他的错误，但除此之外的其他情况下，请不要这样做，否则只会让孩子感到厌烦。

第 **45** 条

当孩子喜欢穿暴露夸张的衣服时

✕ 不恰当 的话语

NO!

> 穿这么少，你不觉得丢人啊？

▼

◎ 恰当 的话语

OK!

> 妈妈不是很喜欢这件衣服呢。

轻蔑的话语会伤害孩子。

应该用"我向信息"表达意见，同时说明原因。

升入初高中之后，孩子也许会对穿搭和护肤产生兴趣。在这个阶段，"性别意识"开始萌芽，他有可能会喜欢穿比较暴露或花哨的衣服。

这也是一种成长经历，父母只需要默默守护就可以了。如果你实在无法忍受，可以使用"我向信息"委婉地表达自己的意见，例如告诉他："妈妈不是很喜欢这件衣服呢。""妈妈觉得那件衣服更适合你哦。"请不要说："你为什么要打扮成这样！""你就这么喜欢穿这种花里胡哨的衣服吗？"这些话语都属于"你向信息"，包含责备的语气，会让孩子觉得你在干涉他，甚至会让他产生逆反心理。

还有一种更加伤人的说话方式，那就是讽刺孩子"不知羞耻"。我有一位朋友，高中时曾因穿了一件低胸衬衫而被父亲嘲讽："你不觉得丢人啊？"这让她受到了深深的伤害，成年以后仍然无法释怀。

如果孩子穿着比较暴露，父母也许会因为担心孩子的安全问题，所以忍不住上前提醒。但是，父母应该同时说明自己担心的原因，这样才能得到孩子的理解。此外，请不要强迫孩子一定要穿得像个女孩子或男孩子。

应该选择恰当的沟通方式，既尊重孩子的喜好，又能表达出自己的意见。

如果孩子做事总爱磨蹭

✕ 不恰当 的话语

NO!

慢死了，磨磨蹭蹭的!

▼

◎ 恰当 的话语

OK!

时间来不及了，稍微走快一点好吗?

:)

与孩子沟通时应该针对行为，而非性格。伤害了孩子要勇于道歉。
平日注意放松心情，遇事才能控制好情绪。

性格因人而异，有人雷厉风行，有人慢条斯理；有人无论做什么都小心谨慎，而有人却总是急如星火。每个人的说话方式和走路方式也各有特色，对这些习惯的否定很容易上升到对人格的否定。

如果想催促孩子走路快一点，可以只针对这个行为，对孩子说："时间来不及了，稍微走快一点好吗？"而不应该责备或贬低孩子，例如不耐烦地说："慢死了，磨磨蹭蹭的！"有些父母一看不惯孩子的某些行为时，就用"你是笨蛋吗""少骗人""真丢人"等话语冲动地责骂孩子，这样的人在职场或家庭中往往也会把这些话挂在嘴边，常常影响到身边的人，甚至可能会对别人造成伤害。

如果我们在性格或素质方面遭到了否定，绝大多数人都会感到非常沮丧。小孩子更是如此，他们受伤的程度远远超出父母的想象，甚至可能会因此觉得自己毫无价值。

出言不逊的人，多因心无余量，无法控制自己的情绪，所以才容易一时冲动。

当你伤害了自己的孩子，应该先让自己冷静下来，然后诚恳地向孩子道歉："刚刚冲你发火了，对不起。"此外，平时要注意多抽时间放松心情，这也是控制情绪的良方。

第 **47** 条

当孩子反抗父母时

✕ 不恰当 的话语

NO!

是谁把你养这么大的!

▼

◎ 恰当 的话语

OK!

你这样做，妈妈（爸爸）觉得很伤心。

利用家长权威，不利于解决实际问题。

可以向孩子吐露心声或示弱求助，尽量让孩子理解你。

当可爱的孩子进入了叛逆期时，父母常常会感到束手无策。有些父母批评孩子时容易冲动地说出"是谁把你养这么大的"这种话，想要以此来压制孩子。

仔细想想，这句话的表达方式其实是基于一种"家长的权威"，其结果可能会让孩子瞬间哑口无言，但还有一种可能是把他逼到情绪崩溃的边缘。听到这句话之后，孩子逆反的状况会得到好转吗？非但不会，还有可能变本加厉。

叛逆期是孩子必经的成长阶段。有些孩子在外面无法顺利表达自己的意见，于是在家中表现得颇有攻击性。作为父母，如果不想坐视不管，可以尝试向孩子吐露自己的心声。例如，"你这样做，妈妈（爸爸）觉得很伤心。"

遭到孩子的反抗，大部分父母都会深受打击，容易情绪崩溃。如果一味地忍耐，压抑内心的不满与不安，最终很有可能导致无法控制情绪，和孩子爆发言语冲突。

为了避免这种情况发生，父母可以通过示弱的方式向孩子求助，例如，"妈妈觉得很累，你能不能帮我×××""爸爸今天工作很辛苦，×××"，这样的话语有助于缓解孩子的逆反心理。

第 **48** 条

当你和孩子意见相左时

✕ 不恰当 的话语

NO!

> 错的是你吧!

▼

◎ 恰当 的话语

OK!

> 能不能告诉我,你的想法是什么?

与孩子意见相左时,不应该以胜负定论。

唯有平等对话,才能实现相互理解。

当孩子学会表达自己的想法和意见之后，就有可能开始捍卫自己的主张。父母和孩子之间的差异也会渐渐地显现出来。尤其是小时候比较听话的孩子，往往会形成更加强烈的逆反心理，甚至有可能觉得学习文化知识和练习兴趣特长都不是出于自己的意愿，而是被父母逼迫的。

遇到这种情况，父母不宜说出"妈妈没错""错的是你"这些自我防卫式的话语。亲子之间通常没有绝对的对错，一般情况下双方都有责任。而以上话语是父母将全部责任都推卸给孩子的表现，缺乏对孩子的体谅。

当你和孩子持不同意见时，请记住"退一步，海阔天空"。如果一直纠结谁对谁错，或认为先道歉就输了，是无法形成有效沟通的。只有与孩子相互倾诉，才有可能实现相互理解。还有一点，"倾听"和"倾诉"一样重要，父母应该创造便于双方倾听的环境。如果你一味地诉说，却不想倾听孩子的想法，同样无法实现相互理解，双方只会渐行渐远。

此外，由于父母在地位上占据优势，因此应该想办法和孩子平等地对话，可以说"能不能告诉我，你的想法是什么？""妈妈也有不对的地方"等话语。**先耐心地倾听孩子的想法，再如实表达自己的意见，这种双向沟通非常重要。**

第 **49** 条

当孩子做出令你无法理解的行为时

⊗ **不恰当** 的话语

NO!

别这么无聊!

▼

◎ **恰当** 的话语

OK!

你想做什么呀?

😊

父母不理解的事，也许对孩子意义非凡。

应该接受差异，在日常生活中与孩子建立信任关系。

孩子每天放学回家时一定要走同一条路；那件心爱的玩具，无论谁要，他都不给；换衣服时一定要先穿袜子……孩子的行为无论在父母眼里多么不可理喻，对其自身来说都是有一定意义的，通常包含他个人的喜好，孩子往往也都是有意而为之的。

即使你无法理解，也不要责备孩子"无聊""莫名其妙"，这样不分青红皂白地评判孩子，可能会让孩子变得畏首畏尾，最终连自己真正想做的事也放弃了。

当孩子产生做某事的兴趣时，父母应该耐心地询问他的想法，可以问"你想做什么呀""你想怎么做呀"等等。请不要单方面地阻止或限制他，应该将这件事视为一个机会，借此了解彼此之间在价值观和思想上的差异，同时还可以发现孩子的个性特点。

有些人在成年之后仍然对父母怀有怨恨——"当初就是因为父母反对，所以才没能做成自己想做的事。""要不是父母干涉，我现在不会是这个样子的。"甚至有些人在性格方面受到了影响，做出一些伤害别人的事。

即使是亲子关系，父母和孩子也是相互独立的个体，应该在这个前提下接受彼此之间的差异。在日常生活中时时刻刻牢记这一点，有助于培养亲子之间的信任关系。

第 **50** 条

当你对教育孩子失去信心时

✕ **不恰当** 的话语

NO!

我怎么教出你这样的孩子!

▼

◎ **恰当** 的话语

OK!

妈妈尊重你的想法。

被父母全盘否定的孩子，痛苦将伴随其一生。

无论发生什么事，都应该接纳孩子。

我在做心理咨询时，当问到"您父母说过的最伤人的一句话是什么"时，经常会听到这样的答案："我怎么教出你这样的孩子!""早知道就不生你了!""本来就不想生下你。""没想到你会变成这副样子。"

　　这些话语有一个共同点，那就是都在一定程度上否定了孩子自身的价值。这会让孩子陷入自我怀疑，感到无比沮丧。有些人由于长期被这种挥之不去的自我否定感所困扰，最终走向了自残或自杀的不归路。

　　对孩子来说，即使全世界都与我为敌，也希望父母始终守护自己、认可自己。因此，无论发生什么事，父母都应该接纳孩子、肯定孩子，这一点至关重要。

　　即使孩子违背了你的意愿，你也应该心怀宽容，告诉孩子"妈妈尊重你的想法""你就是你，做你自己就好"，这会给孩子带来自信心和安全感。

　　"都是因为生了你，妈妈才没有实现自己的梦想"，这种推卸责任的说法对孩子来说就像一道枷锁。**人们都说孩子是父母的一面镜子，如果你否定了自己的孩子，就等于否定了自己。相反，如果你接纳了自己的孩子，就等于接纳了自己。**

第 **51** 条

当孩子被别人表扬时

✕ **不恰当** 的话语

NO!

哪有啊，这孩子笨得要命!

▼

◎ **恰当** 的话语

OK!

孩子被您表扬真开心! 谢谢您!

☺

获得称赞，就诚恳接受。

间接称赞有助于提高孩子的自我认同感。

很多人固执地认为谦逊是一种美德。当然，自谦是无可厚非的，但如果父母利用孩子展示自己的谦逊，就有可能给孩子造成伤害。

假设老师表扬你的孩子"这次考试考得非常好"，而你却当着孩子的面故作谦虚地回答："哪有啊，这孩子笨得要命！"那么，孩子会作何感想呢？也许他会心存疑虑，认为自己并没有得到你的认可。

当有人表扬你的孩子"总是热情地打招呼，真是个好孩子"时，你却回答："哪有啊，他就是在装老实。"你可能以为这是谦虚的表现，殊不知这其实是对孩子人格的否定。

对于他人的称赞，父母应该诚恳地接受并表示感谢，回答一句"孩子被您表扬真开心！谢谢您"就可以了。这样一来，孩子将获得来自对方和父母的双重认可。**后者属于"间接表扬"，会让孩子的积极性达到顶峰，让孩子的自我认同感大幅提升。**而且，对称赞者来说，比起你的故作谦虚，诚恳接受更容易给他留下好印象。

还有一些父母正好相反，一被人称赞，就扬扬自得起来，这点也请注意。另外还有一个问题，那就是自己孩子的私事是否可以与外人言说呢？建议各位父母提前询问一下孩子的意见，以免给他带来困扰。

为自己争取倾诉时光和独处时光

你是否也有过这样的经历：当遇到挫折而感到情绪低落时，向家人或朋友倾诉之后，便感觉情绪得到了疏解，心情也变好了。

倾诉虽然不能改变现状，但可以平复情绪、减轻压力。这在心理学中被称为"宣泄效应"（净化心灵的作用）。

为什么倾诉一下就能得到这样的效果呢？这是因为心情原本是看不见摸不着的，但当你向他人描述时，会不自觉地按时间顺序整理事情发生的经过，同时还会努力寻找符合当下心情的情绪语言，这个过程本身就有助于调整心情。

在情景重现、语言描述的过程中，自己的真实想法也会浮出水面，让人更容易客观地看清现状。

向他人倾诉即对自己反思，非常有助于整理情绪。因此，建议各位读者每天回家向自己的家人倾诉一下当天发生的事以及你的想法，即使像流水账一样也没关系。

也正因如此，对孩子来说，父母的倾听十分重要。

除了倾诉之外，一个人独处也有利于调整心情，能给人带来全身心放松的感觉。当我们置身于一个人的世界时，不必顾及任何人的眼光，可以尽情地自我疗愈、整理心情。因此，建议多多争取独处的时光，让心灵放松，让精神愉悦。

　　无论是与他人共处、倾诉心声的时间，还是暂时摆脱外人的独处时间，对于维持心灵健康来说都是必不可少的。请各位读者尽量调整日常生活，多为自己创造这两种时间，做到"双管齐下"。

第五章

用话语激发孩子的内驱力

　　9岁以下的孩子既没有足够的判断能力，也不会主动采取行动，因此需要父母的引导。我曾经在培训学校指导小学生，当时学校流行一种说法：三年级（9岁）以下的孩子，应该接受父母的教育，而不是老师的。这有一定的道理，但父母教育孩子时一定要把握好度，切忌强迫孩子学习知识或培养兴趣。

　　等孩子10岁之后，自我意识开始萌芽。到了这个阶段，父母更应该尊重孩子的意见，耐心沟通，同时还应该向孩子介绍各种信息，并给他争取体验的机会，以此培养孩子的兴趣。

　　孩子只有了解了某个领域，才有可能对此产生兴趣。因此，父母应该尽量制造机会，激发孩子的好奇心。随着选择的增多，孩子自然就学会自己思考了。

　　在选择兴趣时，父母可以先表明自己的意见，然后支持孩子自己做出选择。只要不会造成严重的后果，即使最终孩子失败了，对他来说也是一次宝贵的经历。此外，孩子失败后，父母不应该把重点放在弥补错误上，而应该强调积极的影响。这样可以提升孩子的自我认同感，让他更勇敢地面对下一次挑战。

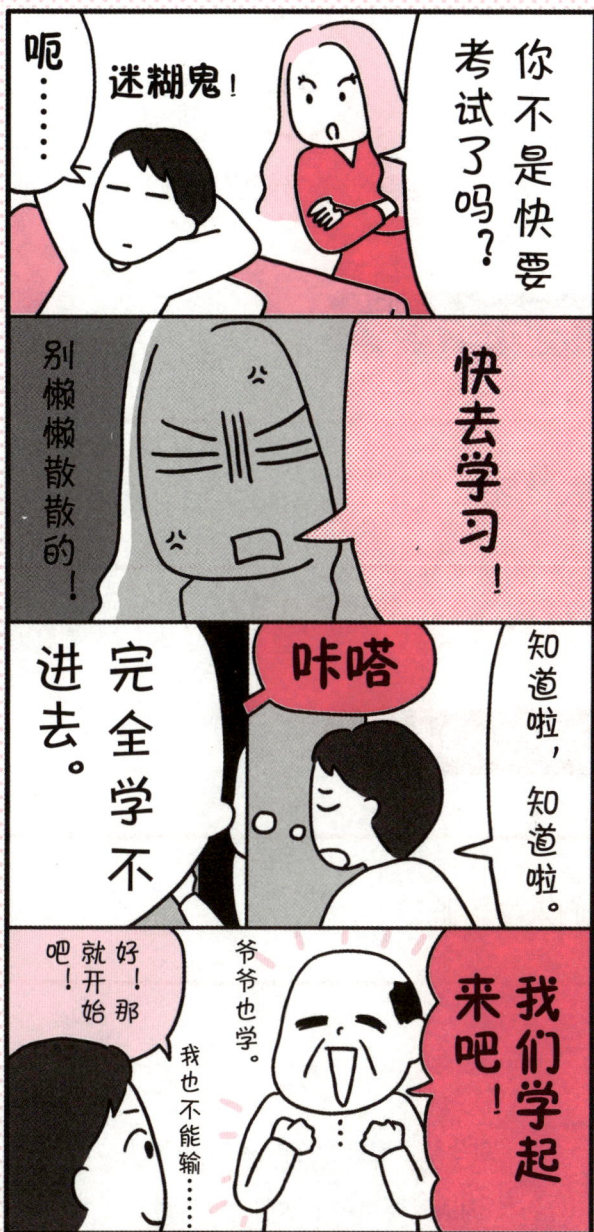

第 **52** 条

当孩子不好好学习时

✕ 不恰当 的话语

NO!

快去学习!

▼

◎ 恰当 的话语

OK!

我们来学习吧!

☺

命令与强迫只会打击孩子的积极性。

沟通时要和孩子站在同一战线上。

在日本家喻户晓的动画片《哆啦Ａ梦》里，妈妈总是呵斥大雄："快写作业！"这样的母亲在生活中也随处可见，为了让孩子完成作业而煞费苦心，但是，强迫和压制只会让孩子产生"被迫感"，这种感觉越强烈，孩子的积极性就越低。

如果是低年级的孩子，即使父母要求他去学习，他也不知道应该怎么学；如果是高年级的孩子，还有可能直接反抗父母，甚至连原本擅长的学科也厌烦起来。试想一下，成年人不也是这样吗？当别人居高临下地命令自己时，即便我们知道不得不做这件事，也会对对方心生厌烦。

对待孩子，与其单方面地命令他去做，不如和他站在同一战线上，用伙伴一般的语气引导他："我们来学习吧！""咱们7点前把作业完成吧！"这样更容易激发孩子的积极性。虽说父母最好陪在孩子身边，但不需要紧紧地盯着他，只要身处同一个空间就可以。你可以在一旁工作，偶尔给他倒杯水。最好和孩子处于同一个空间，因此建议父母让孩子在客厅学习，可以对他说一句"有不明白的地方，就随时问我哦"，这样孩子就可以安心学习了。

如果孩子尚处于低年级，父母可以和他一起做准备工作，还可以协助他安排学习顺序。如果每天的学习量和学习计划是固定的，那么，父母可以比较轻松地打开这个话题："今天从几点开始呢？"这样更容易帮助孩子切换状态，请各位家长尝试一下。

第 **53** 条

当孩子写作业拖延时

❌ **不恰当** 的话语

NO!

> 还没写完作业吗？

▼

◎ **恰当** 的话语

OK!

> 作业要在晚饭前完成哦！

应该说明具体的计划安排。

孩子有盼头，才有积极性。

当孩子在认真学习时，如果父母催促他，例如，"还没做完吗""你要做到什么时候""快点"等等，只会降低孩子的积极性。如果接下来要安排孩子吃饭或洗澡等事项，最好提前告诉他。

假如想让孩子在晚餐前写完作业，可以说"作业要在晚饭前完成哦"；假如有外出的计划，可以说"下午要去公园玩，我们下午3点前把作业完成哦"。有些父母看不惯孩子做事速度慢，明明接下来没有什么安排，却不停地催促，这会让孩子产生一种被人监视的感觉，甚至有可能导致孩子迫于压力而故意偷懒。

假如孩子难以集中注意力，学习时拖延磨蹭，父母可以给他一个"盼头"，激发其积极性。诸如"学习完可以玩20分钟游戏哦""写完作业可以出去玩哦"的方式都是可以的，既照顾到了孩子的情绪，又能引导他萌生快速完成的意愿。

孩子上小学时，需要父母帮忙制订学习计划。当步入中学之后，父母应该根据孩子的能力和性格，引导孩子自主制订学习计划，让他早日摆脱"父母不管，我就不学"的状态。

第 **54** 条

当孩子的成绩不如他的朋友时

✕ **不恰当** 的话语

NO!

输给小明，你觉得甘心吗？

▼

◎ **恰当** 的话语

OK!

我们制定一个新的目标吧！

不应该通过与别人比较来鞭策孩子。

应该聚焦孩子的成长，积极地鼓励支持。

当孩子在考试中没有取得好成绩时，父母可以说"我们来把错题复习一下吧""我们为下次考试制订一个学习计划吧"，让孩子感受到你对他的关注和支持。有些家长希望孩子因为没考好而自责，以为这会让他加倍努力，于是通过与其他人比较的方式鞭策孩子。

我的父母也曾这样做过，结合我的亲身体验来看，其实真正感到不甘心的是父母自己，而不是孩子。试图通过比较迫使孩子感到自责，这对提高学习成绩来说往往是适得其反的。"输给小明，你觉得甘心吗？""考得这么差，还一点都不着急！"这种沟通方式只会让孩子感觉被压迫得喘不过气，把亲子关系变得越来越疏远。

如果孩子原本就有竞争意识，不想输给某人的话，那父母不必多说，失败后他自然会感到不甘心。

即使在这种情况下，父母的鞭策也会变成一种压力，因此，不妨侧重具体的行动和解决方法，对孩子说："我们制定一个新的目标吧！""我们一起想想，怎么做才能考好呢？"

总是通过与别人比较来压制孩子，这不利于孩子的健康成长。应该把目光聚焦在孩子身上，用积极的方式鼓励他，这样有助于培养孩子积极向上的心态。

第 **55** 条

当孩子对你为他买的东西不感兴趣时

✕ 不恰当 的话语

NO!

特地给你买的，你怎么不看呢？

▼

◎ 恰当 的话语

OK!

我们一起来看上次买的书吧！

要求得到等价回报，只会给孩子造成压力。

可以陪伴孩子一起玩，激发他的探索欲。

书籍、玩具、学习用品、衣服……明明是刚买的，孩子却丢在一旁，这种事情时常发生。有些父母会抱怨："都是我特地给你买的，还花了那么多钱，你却不珍惜。"这类父母因为没有得到预期的结果而感到失望，认为自己付出了劳动和金钱，就应该得到等价的回报，于是将这种情绪强加到孩子身上。

孩子还没有经济能力购买自己想要的东西，只能依赖父母。**如果父母为了获得等价的回报，总是在附加条件的前提下才答应孩子，那么，渐渐地，孩子会不愿意表达自己想要什么，甚至可能会失去自主行动的欲望。**

孩子不具备足够的认知能力和经验，当获得了一件新鲜的东西时，很有可能不知道怎么使用。例如，当他收到一本图鉴时，可能既不会看，也不会读，最后只简单翻阅一下图片就结束了；当他得到一件从未有过的学习用品时，可能也需要适应一段时间才会使用。在这种情况下，父母可以陪孩子一起玩，提议"我们一起来看上次买的书吧"；还可以一边示范一边讲解使用方法，告诉他"卷笔刀要这样用哦"。

"我特地给你买的""我特地去商场挑选的"……在这些说法中，"特地"这个词包含一种希望对方感谢自己的意思，孩子听到后会感受到压力，觉得不能辜负父母的期待。当你为孩子买了一件新玩具时，最好陪他一起玩，可以通过诸如"这个玩具要这样玩才更有意思呢"这种沟通方式，激发出孩子的探索欲望。

当你为孩子上兴趣班而破费时

✕ 不恰当 的话语

NO!

你知道我在你身上花了多少钱吗?

▼

◎ 恰当 的话语

OK!

我会在能力范围内尽可能帮你。

培养孩子不应计较得失,应该无条件地支持孩子。

大部分父母花钱让孩子上兴趣班是出于自己的意愿，但是当孩子没有取得符合他们预期的成绩时，这些父母就会批评孩子："我给你花了那么多钱，你却不好好学！"他们觉得自己在孩子的教育上是非常负责的，而实际上只是想按照自己的意愿把孩子培养成理想中的模样。他们嘴上说着"都是为了你"，实则是"为了自己"。自认为是为孩子考虑，实际上是在计较个人得失。

　　如果孩子的表现没有达到你的预期，你就责骂他或强迫他完成目标，会给他造成什么影响呢？孩子可能会觉得自己一无是处，丧失自信心，甚至陷入自我否定的泥沼。在他小的时候，也许会尽量压制自己，为了满足父母的期望而努力学习。当自我意识萌芽之后，他可能会出现逆反心理，对父母的要求全盘拒绝。

　　在孩子的成长过程中，父母应该扮演"支持者"的角色，让孩子知道你会在能力范围内尽力帮助他，这样一来，孩子就可以在一个安心的环境中成长了。

　　即使花再多的钱，也不能确保孩子一定会在某方面取得成绩。如果他本人不感兴趣，或是这件事根本就不适合他，那么，他大概率会半途而废。试想一下，很多成年人也会在减肥、学英语这些事上中途放弃，更何况是孩子呢？

　　有些家长对孩子过度期待，还要求孩子对自己的破费心怀感激，这样做只会适得其反。和孩子讨论经济问题并不一定是坏事，但不应该把金钱作为压制孩子的筹码。**父母应该扮演一个支持者的角色守护孩子，并努力培养孩子的自主性。**

第 **57** 条

当孩子不想去上兴趣班时

✕ 不恰当 的话语

NO!

> 不想学就别学了!

◎ 恰当 的话语

OK!

> 不想学了呀? 是为什么呢?

:)

首先应该对孩子的情绪表示接纳。

然后询问原因, 耐心与孩子沟通。

孩子在学习特长的过程中，有时会突然不想去兴趣班，或者干脆想半途而废，这再正常不过了。尤其是在父母没有询问孩子意见就擅自决定报班的情况下，这种现象就更加常见了。所以在这种时刻，父母需要判断：究竟是孩子一时提不起兴致，还是真的不想学了？

有些父母比较情绪化，会对孩子说出"不想学就别学了""连跳舞服都能忘，还学什么"这种话，他们心里明明想让孩子继续学下去，嘴上却强迫孩子放弃，这种威胁式的沟通是不可取的。

当孩子说不想去兴趣班时，父母可以按照以下步骤来处理。

对孩子的情绪表示接纳。

询问孩子的真实想法：是一时冲动，还是真的想放弃？

思考解决方案。

付诸行动。

例如，孩子说不想学钢琴了，你可以先说："不想学了呀？"用征询的语气可以透露出接纳的态度，然后进一步询问："为什么不想学了呢？""能不能告诉我原因呀？"

请注意沟通的顺序，如果你一上来就问："为什么不想学了？"孩子可能体会不到被接纳的感觉，从而不愿意说出自己的真实想法。在某些情况下，父母只需要表达对孩子的理解，然后耐心地询问原因，孩子就会感到满足了。

了解原因之后，可以和孩子一起讨论解决方案。如果他是因为最近疏于练习而不敢去钢琴班，那正好可以和他回顾、讨论最近的练习状态。还有一种情况，就是孩子可能真的不喜欢弹钢琴，那么，放弃未必不是一种选择。**无论最终的决定是什么，都应该基于孩子的愿望和实际情况，冷静客观地做出选择。**

第 **58** 条。

当孩子想放弃学习某项特长时

✕ 不恰当 的话语

NO!

是你自己决定要学的，再坚持坚持吧！

◎ 恰当 的话语

OK!

（询问原因后）你的想法是最重要的。

首先应该接纳孩子的心情。

然后询问其想法，尊重其意见。

假设孩子已经学习某项特长很长时间了，并且当初是他自己选择的，现在却突然说不想学了，父母应该怎么办呢？也许你会对孩子说："是你自己决定要学的，再坚持坚持吧。""学费已经交了，先把这部分学完吧。"

如果孩子心意已决，拒绝了你的提议，那么，你再继续强迫，只会让他更加厌烦。在这种情况下，父母首先应该对孩子的心情表示接纳，然后询问不想学的原因，最后表示理解。例如，"你的想法是最重要的。""你想学到什么时候呢？"

假如孩子还没有做决定，正处于犹豫不决的阶段，那么，你可以和他确立一个缓冲期，之后再决定。首先应该对孩子的心情表示理解，然后提议"可以等×××之后再做决定呀""可以先考虑一段时间呀"，这样可以帮助孩子调整心情，整理思绪。

除此之外，父母还应该注意了解两点：是什么造成了孩子的负担？孩子有没有在精神上受到打击？尤其对处在青春期的孩子来说，应该确认一下孩子与朋友或老师之间的关系有没有出现问题。**对孩子的烦恼感同身受，并和他一起分担不安的情绪，会加深你们之间的信任关系，让孩子对你敞开心扉。**

第 **59** 条

当你和孩子有代沟时

⊗ **不恰当** 的话语

NO!

妈妈在你这个年龄的时候早就学会 ××× 了。

▼

◎ **恰当** 的话语

OK!

最近你喜欢做什么呀?

和孩子沟通不应该脱离时代背景。

父母应该接受孩子真实的样子。

140

随着时代的变化，两代人的差异越来越大，父母有时会无法理解自己的孩子。其实任何时代都是这样的，也许你也曾经听上一代人说过"我们小时候……"这种话。实际上，每当我举办一些亲子主题的讨论会时，都会听到参加者分享类似的经历。当我们自己为人父母之后，又会对孩子说出同样的话。

当然，如果只是描述一下过去的情况，那是没关系的。但不应该拿自己和孩子做比较，以此向孩子提出要求。例如，"妈妈小时候都是自己做饭的，你也应该×××。""妈妈上中学的时候就能自己做家务了，你也要×××。"

父母与孩子在时代背景、生活环境、成长经历方面都有差异，不应该把自己过去的情况作为标准来要求孩子。这会让孩子感觉自己没有得到认可，从而丧失自信心，甚至还有可能出现逆反心理。

如果对孩子的世界感到不理解，可以先表现出兴趣，例如询问孩子："最近你喜欢做什么呀？""现在流行什么东西呀？"然后坦诚地表达自己的意见和感想就可以了。**即使你无法理解孩子正在做的事，也不要过多干涉，只需表现出对孩子的包容和接纳，这样会让孩子更加亲近你、信任你。**

在这个飞速变化的时代，孩子也有可能感到不适应或迷惘。因此，建议各位父母不要再纠结过去或未来了，把目光放在当下，多和孩子分享当下的想法和心情。

第 **60** 条

如果孩子的专业不符合你的预期

❌ **不恰当** 的话语

NO!

你学这个，将来怎么考公务员？

◎ **恰当** 的话语

OK!

你将来想做什么呀？

孩子的前途应该由他自己决定。

父母可以分享信息，耐心沟通。

有些父母认为孩子什么都不懂，于是擅自决定孩子的报考志愿或未来的工作，导致孩子中途退学，造成无法挽回的后果。

反之，那些懂得尊重孩子意见的父母，往往能够培养出自我认同感较高、在工作中也较有自信的孩子。他们擅长与孩子沟通，例如会对孩子说："你将来想做什么呀？""做什么事觉得最开心？""原来你想做××ׯ"

而有些家长却常把这些话挂在嘴边："你去报将来容易考公务员的专业吧。""你应该当医生。""就报××大学吧。""别报其他学校，社会上根本不认！"这样强迫孩子听从自己的意见，有可能引发非常严重的后果。如果父母对某些学校或专业表达出轻视的态度，那么，孩子也会被灌输这样的价值观，将来有可能因此失去自己的好朋友，或是被周围人厌恶。

很多人由于年少时无法满足父母的期待而陷入自我否定中，成年之后仍然无法摆脱这种痛苦。数据表明，这些人更容易成为身体虐待、精神虐待的受害者。这不是危言耸听，强迫孩子按照父母的意愿生活，或替孩子决定前途，是无视孩子人权的行为，很有可能对他造成精神伤害。

孩子的人生应该由他自己决定。当他无法独立做出决定时，父母可以尽可能地为他提供一些选择，或是分享一些信息。还可以设定一个期限，鼓励他在这个期限内勇敢地尝试。

总之，父母要牢记：最终的决定权在孩子手中。

第 **61** 条

当你对孩子的挑战感到不安时

✕ 不恰当 的话语

NO!

别折腾了，反正你也做不成。

▼

◎ 恰当 的话语

OK!

勇敢挑战的孩子是最棒的!

自信心受挫后是很难重建的。

父母应该对孩子表示肯定，维护孩子的自信心。

最近几年，我感觉不愿表达意见的人越来越多，对此我有一种深深的危机感。也许因为现代人几乎都是通过社交软件进行交流，很难将话语中那些微妙的语气传达给对方，所以干脆放弃深入交流。还有一种可能，有些父母经常对孩子的能力表示出轻蔑的态度，例如，"别折腾了，反正你也做不成"，这种否定也有可能让人放弃自我表达。

或许这些父母是怕孩子失败才这样说的，但是，孩子接收到的信号却是"你不信任我""你对我毫无期待"。等他们长大成人之后，可能会形成"反正我做什么都不行""反正我说什么都得不到认同"的思维方式，从而变得不愿意表达自己的意见，还有可能养成做事半途而废的习惯。

父母在教育孩子的过程中，不应该过于在意结果，应该认可孩子的积极态度和努力的过程。"勇敢挑战的孩子是最棒的""妈妈真希望你的梦想能成真呀"，应该通过这种积极语言来鼓励孩子，帮助他建立自信。

此外，使用"担心""不安"等消极词汇也有可能打击孩子的积极性。父母不应该向孩子表达这种消极情绪，只需要说一句："如果遇到困难，可以跟我商量哦！"然后守护在孩子身边就可以了。父母的话语会影响孩子的价值观。**因此，建议各位父母和孩子沟通时尽量使用积极向上的语言，培养孩子勇于挑战的精神和不怕挫折的强大内心。**

第 **62** 条

当你不理解孩子的兴趣爱好时

NO!

你怎么会有这种爱好!

恰当 的话语

OK!

你为什么会喜欢这个呀?

孩子的人生,决定权在孩子手中。

父母不应该把自己的价值观强加给孩子。

我在做心理咨询时发现，不少人会因为自己的兴趣爱好或自己的社会价值没有得到父母的认可而变得意志消沉。

从五六年前开始，"父母的反对"成为越来越多人放弃个人爱好的原因。有些父母认为只有主流技能（才艺）才有前途，因此，当孩子选择了一个并不为大众所知晓或认同的小众爱好后，父母就会脱口而出："你怎么会喜欢这种东西。""那是什么，靠谱吗？"

听到这些话时，孩子会产生一种被否定的感觉，更有甚者会认为反正也得不到认可，做了也没什么意义，从而变得消极起来，丧失继续学习的欲望。

这些父母的心情当然可以理解，他们是希望孩子过得幸福、有更多的选择，才想让孩子多学习一些主流技能（才艺）的，但是，兴趣爱好的好坏与是否主流并没有绝对的关系。**我们应该认识到，这个时代已经发生了天翻地覆的变化，现在的价值观也和过去大不相同了。**

如果你感到担心，可以表现出感兴趣的态度，直接询问孩子："你为什么会喜欢这个呀？""学了这个之后你想做什么呢？"知道孩子选择的原因之后（只要不是不合理或不适合孩子的爱好），请尽量支持孩子吧！一定不要否定他的选择。

身为父母，可以提供给孩子各种各样的选择，可以向孩子提出你的建议，但请牢记：这是孩子的人生，决定权在他自己手中，哪怕是父母，也没有干涉的权利。父母可以做的是在孩子遇到挫折时，陪在身边支持、鼓励他。

当孩子对你"先斩后奏"时

✕ 不恰当 的话语

NO!

要是我的话，绝对不会这样做。

▼

◎ 恰当 的话语

OK!

你已经决定要这样做了呀。

☺

如果孩子心意已决，就不要再干涉。

父母应该学会放手，接受孩子的决定。

当孩子升入大学或步入社会以后，经常会自己独立决定一些事情，然后再向父母汇报。这是他不再依赖别人、开始独立生活的体现。作为父母，首先应该尊重孩子的意见，可以对他说："这是你的决定呀。""你决定要这样做呀。"因为孩子不是在决定前找你商量，而是已经做出了决定，所以他并不是为了征求意见或寻求建议，而是为了让你认同并理解他的决定。

　　因此，不要通过"要是我的话，绝对不会这样做""没想到你决定要这样做"的话语来反对或压制孩子。如果你表现出这样的态度，孩子可能会觉得自己的想法被否定了，从而陷入自我怀疑，那么，今后很有可能不再愿意向你敞开心扉了。

　　即使孩子已经长大成人，父母还是会忍不住担心孩子。为了促进孩子的成长，父母应该学会忍耐，不要想说什么就脱口而出，应该对孩子的决定表示接纳，说一句"知道啦，我会永远支持你的"，让孩子知道你一直在身边守护着他就可以了。

　　当孩子告诉你一个可能会改变他人生轨迹的重大决定时，你可以表达一下感谢："谢谢你告诉我。"这样一来，孩子今后做出重要决定时都会想告诉你的。

　　懂得放手，不仅有助于孩子的成长，还有助于父母的成长。

第六章

共情式沟通，让孩子
学会社会生存法则

　　无论是大人还是孩子，如果人际关系良好，就比较容易获得幸福感。亲朋好友、师长同窗……人生存于世，这些关系都是非常重要的。

　　有些父母担心孩子会受到不良影响，于是对孩子交朋友加以限制。要知道，我们不应该根据对方的家庭环境、性格能力来决定孩子可以和谁交朋友。"不准和小明玩""我不同意你和那个男孩交往"，这样干涉孩子的交友关系，会给他造成心理负担和精神压力。

　　如果对孩子的交友情况感到担心，你可以把担心的原因告诉孩子，通过沟通的方式解决这个问题。若想参与到孩子的人际关系中，父母应该选择一种孩子可以接受的方式。

　　孩子在成长过程中，只有接触到各种各样的想法和价值观，才有可能找到投缘的朋友，进而建立良好的人际关系。

153

第 **64** 条。

当你看到校园霸凌的新闻报道时

✕ **不恰当** 的话语

NO!

你在学校没有被欺负吧？

▼

◎ **恰当** 的话语

OK!

如果遇到困难，要随时告诉我哦！

不问只能回答"是"或"否"的封闭式问题。

要采用便于孩子回答的问法。

当看到有关校园霸凌的报道时，有些父母会担心自己的孩子有类似的遭遇，于是询问孩子："你在学校没有被欺负吧？"这样的担心是有必要的，但是，如果你用错了询问方式，是无法引导孩子说出真实情况的。

这种只能回答"是"或"否"的封闭式问题很难让人吐露心声。"你在班里没有被排挤吧？""你没有朋友吗？"也属于这类问题，而且还是否定问句，更难以引导孩子把实情告诉你。

建议使用"是遇到什么困难了吗？如果遇到困难，要随时告诉我哦""是有什么事让你难办了吗？再小的事都可以和我商量哦"这种开放式问题，可以让对方自由回答。当你想向孩子了解情况时，可以先说一句"我们聊聊天吧"，以此打开话题。

此外，如果你感觉孩子最近表现异常，那么，沟通时请不要使用过于绝对的言辞，以免伤害他的自尊心。应该让孩子知道你一直在关心他、支持他，这样可以让他产生被你守护的安全感。

过度的干涉和放任都是不可取的，父母应该和孩子保持适当的距离，并且随时做好倾听孩子说话的准备。还可以偶尔带孩子出去喝喝茶、吃吃饭，这种轻松愉悦的环境更容易让孩子打开心扉。

第 **65** 条

当你不喜欢孩子的朋友时

✕ 不恰当 的话语

NO!

你不能和他（她）混在一起！

▼

◎ 恰当 的话语

OK!

爸爸妈妈想进一步了解这个男孩（女孩）。

反对孩子和人交往，反而会让他更加执着。

可以先对其相处对象表现出兴趣。

当得知孩子交到好朋友后，大多数父母都会感到担心，想知道对方是一个怎样的人，于是忍不住向孩子了解情况，一旦听到孩子的朋友有什么自己不认可的行为或爱好，对其产生不好的印象时，就有可能擅自在心里断定"这个人不行""不能让孩子和这个人继续相处"。请记住：哪怕你不喜欢对方，也不要在孩子面前说出口，这样会给他造成伤害。

不想让孩子接近自己不喜欢的人，这种想法我可以理解，但是，这其实是父母将自己的价值观强加给孩子的表现。父母不应该片面地评判孩子认定的朋友。那么，应该怎么做呢？首先可以表现出感兴趣的样子，然后通过"爸爸妈妈想进一步了解这个男孩（女孩）"的沟通方式，请孩子带自己和对方见一面。还可以开门见山地询问孩子："这个人怎么样呀？"

哪怕见面之后你感觉更加担心了，也不要干涉孩子。因为他正沉浸在交到朋友的喜悦当中，这时往往会比较盲目，很难接受别人的反对意见，若是遭到父母强行反对，还有可能变得更加坚定。

当交友自由受到外部压力的威胁时，孩子会产生逆反心理，这在心理学上属于"心理抗拒"的一种。换句话说，如果你强行限制孩子的选择，他反而会变得更加执着。**因此，父母首先应该接受孩子的选择，对其表示理解，表现出不急躁、不否定、不强迫的态度，然后再一步一步将自己的想法告诉孩子。**

第 **66** 条

当孩子遇事对你隐瞒时

✕ 不恰当的话语

NO!

> 我不会生气的，你说吧。

▼

◎ 恰当的话语

OK!

> 从你想说的部分开始说就行。

ᵕ‿ᵕ

避免附加条件式的、强迫式的沟通。

表现出接纳的态度，然后等待对方开口。

不想让父母担心，不想惹父母生气，不想被父母追问……孩子会因为各种各样的原因，选择将遇到的问题或麻烦隐瞒起来。

　　有些父母会因为担心而忍不住刨根问底，但这样做其实会适得其反，父母应该使用便于孩子回答的问法询问孩子。还有一些父母喜欢对孩子说："我不会生气的，你说吧。"结果一旦孩子的回复出乎自己的意料，他就会立刻发脾气，导致最终无法冷静地处理问题。喜欢说这句话的家长更容易一时冲动，说出不该说的话，导致孩子顶撞："你不是说不会生气吗？"

　　此外，向孩子提出要求时，使用"今后有什么事必须告诉我"这种强迫式话语，或"我不会跟别人说的，你告诉我吧"这种附加条件式的话语，都是父母企图压制孩子的表现。

　　那么，应该怎么说呢？建议以一种接纳对方的方式进行沟通。例如，"从你想说的部分开始说就行。""我想问一件关于小明的事，好吗？"有些人会要求孩子"把全部情况都告诉我"，这样有可能会模糊焦点，反而让孩子不知道从何说起了。

　　我在做心理咨询时，如果告诉对方"请从你想说的部分开始说起，什么都可以"，然后静静等待一段时间，即使对方是人们口中那种沉默寡言的人，通常也会不自觉地开始倾诉。**所以，当孩子开口之后，请不要打断他，否则有可能会扼杀其表达欲，请做一个彻底的倾听者。**

第 **67** 条

当孩子想要游戏机或手机时

✕ **不恰当**的话语

NO!

你还小，不能给你买！

▼

◎ **恰当**的话语

OK!

我们制定一个玩游戏的规则吧！

父母不应该单方面压制孩子，应该先沟通。

一旦定下规则，就必须严格遵守。

在教育孩子的过程中，游戏机、手机等电子产品常常令父母感到苦恼。如果不给孩子买，就要忍受孩子的软磨硬泡；如果给他买了，又要因为玩耍时间等问题面临各种麻烦。现在的孩子对游戏机、手机的需求是非常强烈的。

父母这一代人可能认为"没必要给孩子买手机""孩子不应该玩游戏"，于是坚持自己的价值观，拒绝给孩子购买这些产品。当然，父母有责任管理孩子的生活，但是，如果一味地压制，会让孩子觉得你不理解他，给亲子关系埋下隐患，导致孩子产生逆反心理。

当孩子索要游戏机或手机时，哪怕你认为孩子现在还小，不应该给他买，也不要立刻拒绝他，可以先询问他的理由。也许孩子是为了交朋友，比如想加入朋友们的微信群，或是想一起在线玩游戏等等。

了解缘由后，如果你仍然不想购买，应该说出一个孩子能够接受的理由，或是告诉他一个期限。例如，"等你 × × 岁了，再给你买。"

如果决定要给他买，请提前和孩子制定使用规则，同时还应该将违反规则时的惩罚措施明确下来。一旦定下规则，就必须严格遵守。此外，为了避免孩子出现手机依赖症等问题，还需要跟孩子约定使用手机的情况和时间段，想办法限制孩子过度使用。

第 **68** 条

当孩子表达不清楚时

× **不恰当** 的话语

NO！

你到底想说什么？

◎ **恰当** 的话语

OK！

你是想说 ×××，对吗？

不要打断孩子，但可以随声附和。

10 岁以下的孩子还没有掌握足够的表达能力，有时会表达不清，有时会啰啰唆唆，这些都是正常现象。作为父母，这种时候是很难一直保持耐心的，可能会急躁地脱口而出"你到底想说什么""快点说"这种话语，甚至干脆拒绝继续听下去。相信很多父母都有过这种经历吧！

　　但是，如果你冷漠地打断正在表达的孩子，可能会导致他今后害怕与人交流。当你逼迫孩子加快速度之后，他可能会因为心里着急而更加不知道怎么表达了。

　　如果你实在抽不出时间耐心地等待，可以贴心地说一句："妈妈现在很忙，待会儿再慢慢听你说哦。"如果孩子只是想闲聊，你不必过于认真地倾听，可以随声附和一下："哦，是这样呀。"或重复孩子的表述："原来是 ××× 呀。"这样也会让孩子觉得你在耐心地听他说话。

　　听完后，如果你不知道他的重点，可以询问："你是想说 ×××，对吗？""你刚才是说 ×××，是不是呀？"以此帮助孩子将重点用语言描述出来。还可以在耐心倾听完之后，引导孩子："你能把刚才的话说得再清楚一点吗？"通过这种方式可以锻炼孩子的表达能力。**其实，孩子会和父母积极交流的时期非常短暂，请珍惜这段时间，享受和孩子的对话吧！**

第 **69** 条

当你想让孩子做某事时

✕ **不恰当**的话语

NO!

> 大家都是这样做的。

▼

◎ **恰当**的话语

OK!

> 妈妈希望你这样做。

普遍化的说服方式反而缺乏说服力。

应该聚焦孩子本身，直截了当地沟通。

有些父母对自己的想法十分自信，会直截了当地说"妈妈认为你应该这样做"；而有些父母做不到这么直接，于是通过"大家都×××""其他人都×××""一般都×××"的表达方式将自己的主观意见正当化。一般情况下，使用这些话语的人并不是在为对方考虑，而是希望对方听从自己的意见。

我曾在一次活动中，让参与者以"大家"为主语写一篇作文，写完后将文中的"大家"全部替换成"我"。结果，参与者最后都惊讶地发现，虽然自己笔上写的是"大家都×××"，但其实几乎都是自己的主观想法。

通过"大家都×××"的话语来要求孩子，其实是在表达自己内心的意愿。孩子其实并不在乎"大家"是怎么样的，所以，这样的沟通方式可能会适得其反，让孩子觉得你更加重视别人，从而对你产生不信任的感觉，甚至可能产生被压迫感，进而不愿意继续顺从父母。

表达自己的想法时，应该使用"我向信息"。例如，"妈妈希望你这样做。"**请不要把那些看不见摸不到的不特定的多数人作为论据，来证明自己的意见是正确的。提意见的时候应该针对孩子本人，这样更容易让他听进去。**

第 **70** 条

当孩子因遭遇挫折而感到沮丧时

❌ **不恰当** 的话语

NO!

失败是成功之母。

◎ **恰当** 的话语

OK!

妈妈知道你很努力哦!

应该接受孩子的失败，并接纳孩子的情绪。

要先对孩子表示体谅和支持。

成长过程中的失败和挫折会对孩子造成巨大的影响，如果孩子学会从失败中吸取教训，便能将其转化为成长的精神食粮。当孩子陷在失败的旋涡中时，很难积极地看待失败这件事。在这种情况下，如果你若无其事地对他说"失败是成功之母，下次努力"，也许会给他带来更加沉重的打击。

有些父母会为了鞭策孩子而说出"是因为你还不够努力""再加把劲就成功了"等话语，但是，其实孩子现在需要的是接受失败这一结果，并接纳自己沮丧的心情，否则很难迈出下一步。

无论结果如何，孩子都已经付出了努力，因此，父母要先对其表示认可。可以贴心地对他说"妈妈知道你很努力哦""你的努力妈妈都看到了"，但不要强行鼓励孩子，或要求孩子反省自己。

例如，当孩子在考试中没有取得好成绩时，如果你对他说"下次努力就行了""再努力一点就考好了"，可能会适得其反，还会给孩子造成心理压力。有些家长在这种情况下喜欢询问原因："为什么没考好？"站在孩子的立场上，这句话听上去像是一种责备。

父母不是孩子的敌人，而是孩子最可靠的同伴。有的孩子失败后会感到自责，觉得自己对不起父母，因此，请不要再责怪他了，可以通过"你付出的努力是不会白费的""结果不代表一切"等话语来认可他努力的过程，让孩子产生继续努力的意愿。

第 **71** 条

当你想让孩子理解父母的心情时

✕ 不恰当 的话语

NO!

> 等你当了爸爸（妈妈），就知道我的心情了。

▼

◎ 恰当 的话语

OK!

> 如果你能理解我的心情，我会很开心的。

施恩图报是没有意义的。

应该真诚地向孩子表达自己的心情。

为了让孩子养成良好的生活习惯，父母会忍不住苦口婆心地劝说；看到孩子埋头玩手机或玩游戏时，父母会感到担心而张口提醒；看到孩子不爱学习时，父母会不自觉地操心起他的前途，于是督促他去学习……这些都源于父母对孩子的爱。

如果这些心情得不到孩子的理解，你会怎样向孩子诉说呢？其实，在这种情况下，使用"我向信息"更容易让孩子接受，例如，你可以对孩子说："如果你能理解我的心情，我会很开心的。"除此之外，坦率地表达自己的意见也可以帮助孩子更好地理解你的心情，例如，可以表明你对游戏的看法，直言你希望孩子早睡早起等。

但在现实中，很多父母既不会表达自己的心情，也不会说明原因，只会说一句："等你当了爸爸（妈妈），就知道我的心情了。"这句话等同于要求孩子必须体会父母的辛苦，是带有强迫性质的话语。还有"等你长大就知道了""不孝敬父母会遭报应的"等说法，都是试图通过孩子无法达到的标准，来逼迫孩子认同自己的说话方式。

在职场上也是一样，有些人为了展示自己的优越性，喜欢说"你再做 10 年，就明白了""等你当了领导，就知道了"这种话。对方听到后，只会感到困扰。**所以在与他人沟通时，请不要附带条件，要站在平等的立场上与对方进行对话，这样更容易得到对方的理解。**

第 **72** 条

当孩子遭遇失败时

✕ **不恰当** 的话语

NO！

看来你不能没有妈妈啊！

◎ **恰当** 的话语

OK！

如果需要帮忙，随时来找我哦！

不要阻碍孩子独立行动。

支持孩子独立解决问题。

随着孩子的成长，他会萌生独立意识，不愿再依赖父母。也许会先从一个人做家务、买东西、乘公共汽车开始，进而一个人去旅行、打工赚钱买喜欢的衣服，等等。对此，父母可以提醒一句："如果需要帮忙，随时来找我哦！""遇到困难的时候，可以告诉我哦。"这样就足够了，不要过多干涉孩子的想法。

如果父母总是替孩子做事情，那么，孩子会产生依赖心理，长大后遇到机会也不敢抓住。当孩子经历了失败，有些父母喜欢说"没有妈妈（爸爸）不行吧"这种话，这会阻碍孩子自主性的培养，体现了父母想把孩子拴在身边的心情。实际上，在这些父母中，很多人并没有意识到自己有这样的问题。

我在做心理咨询时遇到很多恐婚族，他们的父母往往都有上述倾向。因为他们从小就听从父母的，受到父母的种种限制，被剥夺了独立思考的能力，因此，长大后无论做什么事都会优先考虑父母的想法，最终导致无法独立做决定。

反之，那些从小不被父母干涉的孩子往往更具主动性和挑战精神，哪怕遭遇失败，也能克服困难、越挫越勇。**也许父母只需要表现出支持孩子的态度，让孩子知道你是他坚强的后盾，就能让孩子安心地做出决定并付诸行动。**

第 **73** 条

当孩子想要挑战新事物时

× **不恰当**的话语

NO!

你能做到吗？我真不放心你一个人！

◎ **恰当**的话语

OK!

只要你能享受这个过程就好啦！

不要剥夺孩子成长的机会。

父母应该做的是守护和支持。

当孩子想挑战新事物时，有些父母会表现出过度的担心，例如他会说："你能做到吗？我真不放心你一个人！"这样会打消孩子的积极性，阻碍孩子的成长。这些父母往往在内心深处是不希望孩子长大的。

出国旅游、参加夏令营、开始学校的住宿生活……当孩子做出某个决定后，这些父母就会说出诸如"一个人去旅游（一个人住）太危险了""学校能住好吗？真放心不下"的话语。在"放心不下"这个词里面，其实隐含着父母想控制对方、害怕孩子离开自己的心情。

只要父母不允许孩子独立，孩子便无法实现真正的独立。做出一个决定，挑战一项新事物，这些过程不仅有助于孩子的健康成长，还能帮助他找到适合自己的生存方式。

大部分人倾向于追求稳定，而不喜欢变化。如果你的孩子总是勇敢地挑战新事物，那么，他将来也许能取得不凡的成绩。作为父母，应该支持、鼓励他，可以说："只要你能享受这个过程就好啦！""遇到困难，随时告诉我哦！"

如果父母一味地限制孩子，那么，他的世界会越来越小，渐渐地，他可能会害怕改变，陷入偏颇的想法当中无法自拔。**要知道，当孩子被父母灌输了某种思想后，这种思想是很难根除的。所以，为了孩子的幸福，请不要剥夺他每一次改变的机会。**

培养孩子独立性的三个要点

我在做心理咨询时有一个深刻的感受：父母培养孩子独立性的方式对双方今后的人生都会产生巨大的影响。

曾经有一位来咨询的母亲，在孩子离开家上大学之后，她为了避免孩子上学迟到，会每天早上打电话叫醒孩子。即便如此，孩子仍然经常性迟到，这让母亲感到十分困扰。

在这种情况下，如果父母继续干预下去，事态有可能会越来越严重。事实上，当这位母亲停止"叫醒服务"之后，孩子迟到的情况便得到了改善。像这位母亲一样，还有很多家长虽然和孩子保持着较远的物理距离，却常常做出阻碍孩子精神独立的行为。

这些行为常常被人形容为"可怜天下父母心"，但是在本质上，往往是源于父母的孤独感，他们因孩子的离开而感到寂寞，于是忍不住干涉孩子的新生活。

对父母来说，无论是在孩子小的时候，还是在他成年之后，"放手"都是无比艰难的，比"插手"更需要忍耐力。

对于已经成年的孩子，父母应该保持适当的距离，建议做到以下三点：

①不干涉。当孩子不在身边时，父母可以在心里牵挂，可以告诉孩子："当你遇到困难时，我一定会帮你的。"但是，请不要在没有收到孩子请求的情况下擅自提供帮助，请不要提前为孩子做各种准备，请不要对孩子的事情过分干涉。

②不让孩子担心。不要小题大做，要告诉孩子你过得很开心，让他放心地投入到自己的生活当中。

③建立新的社交圈子。孩子也许正在努力地适应新的生活，请不要强行融入他的生活当中，可以努力寻找一个适合自己的新环境。

虽然你们不在一起生活了，但这并不表示你们的亲子关系断裂了，它只是换了一种形式存在而已。**也许你会因此不知所措，但不要停止探索新的相处方式。在这个过程中，父母应该学会享受自己的生活，为了让孩子安心地"离巢"，这一点是非常重要的。**

第七章

平等交流，协助孩子建立良好人际关系

父母和孩子交流意见、想法或价值观，有助于培养孩子的独立思考能力，但是，请不要把自己的想法强加给孩子，这有可能会剥夺他的自主性。在这件事上，我们需要努力达到平衡。

父母和孩子是相互独立的个体，如果发生意见不合的情况，很有可能引发感情上的矛盾。父母不必刻意回避这种矛盾，应该真诚地和孩子沟通交流，这有助于建立你们之间的信任关系。此外，不要因为你们是一家人，就觉得你和孩子能够彼此心照不宣了，应该通过坦诚的对话来实现相互理解。

我在做心理咨询时发现，亲子之间的很多问题都源于父母，这些父母往往不认可孩子的成长，总是对孩子过分保护或过分干涉。由此可见，"学会放手"是一个多么重要的课题啊！同时还要注意，如果搞错了放手的时间，可能会导致亲子关系陷入不稳定的局面。对孩子的教育，其实也是对父母的教育。父母应该抓住时机，和孩子共同成长。当孩子独立生活后，我们适时联络一下，或分享现状，或表达关心，这种距离刚刚好。

第 **74** 条

当孩子和别人攀比时

NO!

别人家是别人家，我们家是我们家!

▼

恰当 的话语

OK!

你想要 ××× 呀，真的需要这个吗?

⌣

前后不一的意见缺乏说服力。

应该耐心倾听孩子的请求。

有些孩子喜欢和别人攀比。当听到他们说"别人都有，我也要嘛""小明他妈妈都给他买了，我也想要"这种话时，很多父母会拒绝孩子的要求，也许会对孩子说："谁说别人都有了！我怎么没看到？""别人是别人，你是你！""小明有了，你就必须得有吗？"

如果父母自己能做到不和别人攀比，并且将这种态度一以贯之的话，也许会给孩子带来一些积极影响。但是在现实生活中，很多家长做不到这一点，他们会经常拿孩子和别人做比较，总是会对孩子说："小明考了第一名，你怎么做不到呢？""听说小红考上了北京大学，你要更加努力了。"这样"严以待人，宽以待己"的态度是缺乏说服力的。

"别人家是别人家，我们家是我们家"这句话用起来非常方便，因此，有些父母很喜欢用这句话来搪塞孩子，殊不知这只会降低孩子对你的信任，甚至有可能会诱发他的逆反心理。如果不想让孩子养成与他人攀比的习惯，父母应该做到言行一致，保持一以贯之的态度。

如果孩子真的想要某件东西，你可以尝试和他沟通："你想要×××呀，我们想一想，真的需要这个吗？"还可以确定一个是否购买的标准，和孩子讨论："我们来制定一个规则吧，以后想买东西的时候都要按照这个规则哦。"如果一味地拒绝孩子的请求，也可能会让孩子产生压迫感。

由于压迫感会诱发逆反心理，因此，孩子有可能会选择在父母看不到的地方将压抑的心情发泄出来。**实际上，当孩子提出请求时，一定有他的理由，父母应该耐心倾听。只要我们对孩子表现出愿意倾听的态度，那么，无论你最后是否同意，一般都不会撼动亲子之间的信任关系。**

第 **75** 条

当你想了解孩子的日程安排时

✕ 不恰当 的话语

NO!

（孩子出门前）你要去哪里？和谁在一起？

▼

◎ 恰当 的话语

OK!

（提前）明天你出去玩的话，要告诉妈妈你去哪里，和谁在一起哦！

不要在孩子出门前刨根问底，重要的事应该提前说。

如果想提醒孩子注意安全，要放在日常对话中。

随着孩子的成长，他会慢慢扩大自己的社交圈，如此一来，父母很难完全掌握孩子的日程安排和交友情况。于是，有些父母会忍不住刨根问底："你要去哪里？和谁在一起？要去做什么？几点回来？"这种询问方式既不能让你得到真实的答案，还有可能招致孩子的厌烦。孩子可能只会冷漠地回答"不要你管"或"跟你没有关系"。

谁都不知道孩子出去之后会发生什么，感到担心也是理所当然的，但是请不要在孩子出门前再询问，因为这时他的心早已经飞到外面的世界了，你问得再详细他也听不进去。那么，应该怎么办呢？可以在前一天晚上提前提醒孩子："明天你出去玩的话，要告诉妈妈你去哪里，和谁在一起哦！"这样比较容易得到真实的答案。

如果担心孩子回家太晚不安全，最好平时多教孩子一些防范措施，例如，告诉他哪些地方比较危险（如人烟稀少的巷子、没有路灯的街道等）。**相信没有孩子愿意被人限制自己的活动范围，因此父母不应该过度干涉，否则孩子可能会拒绝和你沟通，这将引发更加严重的问题。**

为了避免出现这种情况，最好表现得从容一点，让孩子以为你只是对他的日程安排感兴趣而已，用这样的方式询问孩子，比较容易得到他的理解，也可以要求孩子："晚上 × 点之后，要保证手机能打通哦！"然后开心地送他出门就可以了。

第 **76** 条

当孩子在学校遇到麻烦时

✕ **不恰当** 的话语

NO!

妈妈替你去跟老师说。

▼

◎ **恰当** 的话语

OK!

你能自己去和老师沟通吗?

把困难看作锻炼孩子的机会。

先了解情况,再耐心与孩子沟通。

当孩子在学校遇到麻烦时，父母往往会萌生出一种"大主角意识"，认为必须由自己出面解决问题。甚至当孩子步入初高中之后，这些父母仍然会把"你不用担心，交给爸爸解决""妈妈替你去跟老师说"这种话挂在嘴边，事事都想由自己做主。

从表面上看，这种行为是出于家长的责任心，实际上是多管闲事，是过分干涉孩子的表现。当孩子遇到困难时，应该让他尝试一个人去克服，这是锻炼孩子独立解决问题的好机会。

这时，父母应该首先向孩子了解情况。从问题的严重程度和解决难度来判断，如果完全可以交给孩子独立解决，那么，你应该做好监督的准备，然后引导孩子："你仔细想一想，这件事应该怎么和老师说？""你能自己去和老师沟通吗？"假如孩子在学校受到了伤害，例如，遭遇了校园霸凌，那就需要父母出面解决了。在这种情况下，也请事先征得孩子的同意："我这样和老师说，你觉得怎么样呢？"

如果孩子一遇到问题，父母就替他解决，那么，孩子长大后可能会事事依赖他人，缺乏独立判断事物、独立解决问题的能力，更有甚者，容易把一次失败看作整个人生的失败，或极度恐惧失败，从而变得畏首畏尾、一事无成。

当孩子遭遇了小小的失败或挫折时，父母应该引导孩子将其视为锻炼自己的好机会，告诉他们可以先和父母商量解决对策，然后尝试自己独立解决。通过这样的方式积累成功经验，孩子最终会成长为一个遇事不退缩的人。

如果你想让孩子过得幸福

✕ 不恰当 的话语

NO!

只要你幸福，妈妈怎样都可以。

▼

◎ 恰当 的话语

OK!

去尽情地享受自己的人生吧!

施恩图报会让孩子背负罪恶感。

父母只需要真诚地祝愿孩子幸福。

有了孩子之后，大部分人会将孩子放在首位，从而忽视自己的需求。例如，为了减少开支而在自己身上节省，由于时间被占用而放弃想做的事情。父母往往认为"只要孩子幸福就足够了"，这样想是没有问题的，但请不要施恩图报，以此道德绑架孩子。应该告诉孩子："去尽情地享受自己的人生吧！"让他自由自在地为自己而活。

　　"只要你幸福，妈妈怎样都可以""只要你快乐，妈妈也会快乐的"，不少人因为常听到母亲说这种话而怀有一种罪恶感，认为只要父母过得不幸福，自己也没有资格得到幸福，当面临"快乐"和"痛苦"的选择时，会不自觉地选择后者。

　　例如，有些在大城市打拼的孩子，由于总听母亲说起"只要你幸福，妈妈怎样都无所谓"这种话，最终选择辞职回乡，陪在母亲身边。**如果父母向孩子灌输"我是为了你而牺牲了自己"这种想法，那么，孩子也容易做出相同的选择，从而形成一种互相依赖的互存关系。**

　　如果你想让孩子获得幸福，请不要给他施加这样的压力，只需要表达出自己的心情就可以了，例如可以告诉他："看到你过得很充实，妈妈觉得很开心。"

第 **78** 条

当你想向孩子提出建议时

❌ **不恰当**的话语

NO!

> 我都是为了你好。

▼

◎ **恰当**的话语

OK!

> 妈妈是这么想的。

:)

"为了你好"实际上是"为了自己"。

沟通时应该将"行动"和"情绪"分开。

很多时候，那些嘴上说着"都是为了你好"的人，其实都是为了他们自己。父母说这句话时，虽然是出于善意，但实际上是想把自己的要求强加给孩子，最终不过是为了满足自己的虚荣心。还有"说句不好听的话""你可别不想听"等话语，也是试图控制对方的表现。

年幼的孩子无法拒绝父母，因此，当自己达不到父母的要求时就会产生负罪感，甚至误以为自己没有价值，继而丧失自信。即使孩子升入大学或步入社会以后，父母说出这句"都是为了你"，很多时候也只是考虑到自己的面子或世俗的眼光。

如果你基于自己的亲身经历，想向孩子提出建议，那么，可以说"妈妈当时是这么做的"，这样更具说服力。

当你想表达自己的想法时，请用具体的案例作为论据，当你想询问孩子的想法时，请先照顾到他的情绪。这样的亲子沟通一般不会引起矛盾。

当孩子面临升学、就业、结婚等人生重大抉择时，如果父母通过一句"都是为了你好"来干涉孩子的决定，很有可能给孩子埋下埋怨的种子。将来孩子对现状感到不满时，可能会突然意识到当时是受到了你的影响，于是对你产生怨恨，甚至有的孩子还会因此患上心理疾病。**父母不应该强迫孩子走在你为他铺设的道路上，而应该给他自由选择的权利。对父母来说，做出这个决定是需要勇气的，但事实上，这直接关系到孩子的人格健全与幸福。**

第 **79** 条

当孩子和朋友发生矛盾时

✕ **不恰当** 的话语

NO!

一个巴掌拍不响，你肯定也有错!

▼

◎ **恰当** 的话语

OK!

怎么解释才能让小明理解你的心情呢?

⌣

事情不是非黑即白，不要妄下结论。
应该询问原因，为解决问题而沟通。

当孩子和他的朋友发生了矛盾，父母是很难掌握真实情况的。有些父母会不分青红皂白地断定"一个巴掌拍不响，你肯定也有错"，还自以为是地教导孩子做人的道理。但世事往往不是非黑即白的，也许孩子在这件事上的确有错，但是，如果父母一味地强调这一点，很有可能对孩子造成伤害。

与其对已经发生的事追究责任，不如想办法改变现状，把目光放到孩子今后的成长上。孩子之间的矛盾多源于一些鸡毛蒜皮的小摩擦或小误会。父母应该先询问事情发生的经过，然后和孩子一起讨论解决方案。

假如孩子不知道怎么解决，感到束手无策，你可以引导孩子："怎么解释才能让小明理解你的心情呢？"你也可以提出建议："妈妈知道你不是故意的，把这一点告诉小明就可以了。"

据说人的九成烦恼都源于人际关系，即使是成年人，也时常面临人际关系带来的烦恼。**为了培养孩子独立解决问题的能力，当他和朋友发生矛盾时，父母应该抓住机会引导他学习人际关系的处理方式。**假如孩子用语言或暴力伤害了别人，父母应该要求他反省，并真诚地向对方道歉。

即便在这种情况下，也不要过于追究责任，应该放眼将来，引导孩子吸取教训。

当孩子改变心意时

✕ 不恰当 的话语

NO!

> 你上次不是这么说的，我不相信你了。

▼

◎ 恰当 的话语

OK!

> 你的想法改变了呀?

人的意见和心情是流动的。

应该接纳孩子当下的想法。

绝大多数人都有过做事半途而废、中途改变心意的经历，我在做心理咨询时经常将人的心意比作"流动的河水"。

　　人的意见和心情是流动的，会因得到的信息而改变，也会因别人的话语而改变，这是非常自然的现象。甚至短短一个小时的会议也有可能让人发生改变，经过这一个小时的讨论，也许你的想法已经和开会之前截然不同了。

　　大人尚且如此，更何况是小孩子呢？孩子的意见和想法往往也是不确定的，说出来的话也经常前后不一。如果你因此责备他"你上次不是这么说的，我不相信你了""你是不是在说谎""告诉妈妈实话"，那么，他可能从此不再愿意表达自己的真实想法了。

　　父母应该把变化看作一个正常现象，对其表示接纳："你的想法改变了呀？"或询问原因："和你之前的想法不一样了，是因为发生了什么事吗？"如果你不认同孩子的变化，可能会让他害怕改变，甚至变得畏首畏尾。

　　如果你固执己见、画地为牢，很有可能会不自觉地要求别人也同意你的想法，这同样会影响你的人际关系。对待孩子，应该接纳他当下的意见和情绪，让他放心地表达自我。

第 **81** 条

当你对自己的选择感到后悔时

✕ **不恰当** 的话语

NO!

> 都是因为你，妈妈放弃了（自己想做的事）。

▼

◎ **恰当** 的话语

OK!

> 我那时很喜欢 ×××，但没能下定决心去做。

父母的不幸，责任不在孩子。
应该坦率地承认自己的错误。

"当时我很想离婚，都是为了你忍耐下来了。""要不是因为你，我早就升职了。"这些话都是孩子最不喜欢听到的。听到这种话语的孩子心里可能会想："既然关系那么差，早点离婚就是了。""又不是我让你这么做的。"

如果父母这样推卸责任，可能会让孩子感到不理解，也许他们会在心里抱怨："现在说这些有什么用，既然你那么想做，现在去做不就好了嘛。"甚至有的孩子还可能会因此开始讨厌父母。实际上，很多有心理疾病的成年人都曾经被父母这样抱怨过。父母总是将自己的不如意归咎于孩子，导致孩子终身活在这道枷锁当中。

还有很多父母认为为了孩子委屈自己是理所应当的，这样想其实无可厚非，因为每个人都有决定自己人生优先顺序的权利，但是，万一你感到后悔了，请牢记这是因为你缺乏决断力，而不是因为孩子。你可以坦率地向孩子承认："我那时明明有很热爱的事，只怪自己没有下定决心去做。"

人生是由一个个选择堆砌起来的。如果有真心想做的事，不要再拿孩子当借口，从力所能及的事情开始做起吧！

如果你一直教育孩子按照他自己的想法生活，那么，也许孩子也会转过身来支持你："妈妈，想做就做吧，现在开始也不晚。"

第八章

如何言传身教，给孩子树立榜样

我们和父母之间的关系，也会给我们的孩子带来影响。

随着孩子年龄的增长，亲子之间的关系会发生变化。同样地，当我们的父母渐渐老去，我们和他们之间的关系也会发生改变。我在做心理咨询时，不仅会倾听咨询者关于孩子的烦恼，还常听到他们倾诉与年迈的父母之间的问题。在他们当中，不少人提道："我忍不住冲父母发火了，感到很自责。""当时对父母的态度很冷淡，现在非常后悔。"

上了年纪之后，有些人会变得固执己见或以自我为中心。而且，在很多父母眼中，孩子永远是孩子，即使他们已经长大成人了，这些父母也经常过度干涉他们的生活。

要维护稳定的亲子关系，重点在于相互尊重，并且给予彼此一定的独立空间。如果你和父母走得太近，双方时常出现矛盾，那么，不妨试着让自己独立起来，遇事不要先找父母商量，改为"先斩后奏"，也许能改善你们的关系。此外，真诚地表达自己的想法，同时坚持自己的生活方式，这一点也非常重要。父母和孩子在相互尊重的前提下，享受各自的人生，这是多么美好的事啊！

第 **82** 条

如果父母无法理解你

NO!

> 又来了！上次我不是说过了嘛！

▼

OK!

> 没有听明白吗？我再说一遍哦。

与父母沟通时不要掺杂个人情绪。

利用可存聊天记录的 APP 进行联络。

有些人在和自己的父母相处时，几乎不会照顾他们的情绪，经常脱口而出一些伤人的话。你平时是怎样和父母相处的呢？

"我都说过好几次了，他们还是不明白。""他们总是一件事翻来覆去说个不停。"父母带来的这些烦恼，我们多多少少都有体会。随着他们日渐衰老，记忆力会变差，很多事情是他们无法控制的。在这种情况下，如果你一味地责备他们"上次我不是说过了嘛""您要让我说多少遍啊""您能不能别再这样了"，事情也不会得到改变。

作为儿女，要考虑父母的性格等因素，选择合适的方式进行沟通，有时需要一定程度的忍耐。"没有听明白吗？我再说一遍哦""我写在便笺上了，就贴在冰箱上，您不要忘记看呀"，这种沟通方式更容易让父母听进去。

提高沟通效率和质量的诀窍在于不要掺杂个人情绪，不要使用"我要说多少遍，您才能明白"这种情绪化的话语。如果心平气和地和父母沟通，我相信他们会在一定程度上理解你的。

如果父母不停地追问某件事，你可以和他们制定一些小规则。例如，"我会在每周三晚上 8 点和您联系的。""我每个月在微信上跟您汇报一次。"如果察觉到自己当下有点情绪化，不妨隔一段时间，等双方都冷静下来之后再沟通。

第 **83** 条

当父母想尝试新事物时

✕ 不恰当 的话语

NO!

也不看看您什么年纪了！

▼

◎ 恰当 的话语

OK!

小心身体，玩得开心！

:)

只要不会给他们带来危险，
应该支持父母尝试新鲜事物，扩大社交圈。

孩子的人生应该由孩子决定，同样地，父母的人生也应该由他们自己决定。即使他们已经年迈，也有可能产生尝试新事物的想法，儿女不应该阻挠他们，应该尽力支持他们。"也不看看您什么年纪了""都这么大年纪了，别找麻烦了""别浪费钱了"……有些人会用这些话语来反对父母去尝试新鲜事物。如果父母的生活圈缩小，他们会越来越孤独，就更加需要子女的陪伴了，最终的压力还是会落到子女身上。

假如父母想尝试登山等高难度的运动，身体可能会吃不消。在这种情况下，儿女需要为了他们的健康着想，劝说父母规避风险，或提供必要的帮助。除了这种情况之外，如果儿女总是打击父母的积极性，或剥夺他们的好奇心，就有可能导致他们丧失生存价值。

年迈的老人依然能够找到自己的兴趣并乐在其中，或踊跃地学习新知识，或积极地参加社会活动，这样的人一般交友广泛，而且生活态度积极向上。尝试新鲜事物可以扩大老人的社交圈，儿女应该支持、鼓励他们"小心身体，玩得开心"，让父母放心地享受生活。

此外，如果父母有再婚的念头，条件允许的话，儿女应该表示支持和祝福。现代人越来越长寿了，父母的漫长人生需要儿女的支持。为人子女，尊重父母的想法，帮助他们度过一个无悔的人生，是责无旁贷的。

第 **84** 条

如果父母总是干涉你

❌ **不恰当** 的话语

NO!

> 您别总是管我行不行!

▼

◎ **恰当** 的话语

OK!

> 跟您汇报一下，我决定×××。

:)

找父母商量，就要做好被干涉的准备。

若不想被干涉，可以"先斩后奏"。

父母越唠叨，孩子越逆反。这样的孩子即使长大成人之后，也有可能忍不住顶撞父母。其实，顶撞和反抗都是出于自我保护的本能反应，多数情况下是无心之过，但是，对父母来说是很难接受的。"您别总是管我行不行""不关您的事"都属于语言反抗，父母听到之后会感到生气或心痛，认为"无论我说多少遍，这孩子都不理解我的心情""这孩子还是听不进我的话啊"。

　　如果想避免这些无意义的争执，应该用一种平和的语气对父母说："跟您汇报一下，我决定×××。"

　　站在父母的立场上，当孩子向自己诉说烦恼时，或决定某事之前来找自己商量时，大部分父母会出于好意而出面干涉。因此，如果你想征求父母的意见，就要做好被干涉的准备。**如果你真的想得到建议，可以去询问父母；如果你只是想得到认可，那不如"先斩后奏"。**

　　因父母过度干涉自己而感到苦恼的人，往往自己也有依赖父母的倾向。即使原本不想让父母干涉某事，想完全由自己做决定，也有可能在和父母聊天时不自觉地说出这件事。请回忆一下，你有没有在无意识当中征求过父母的意见呢？

如果你正因父母唠叨而倍感压力

✕ **不恰当** 的话语

NO!

> 您不说我也知道！

▼

◎ **恰当** 的话语

OK!

> 如果您能理解我的心情就好了。

反抗父母会适得其反。

坦率地表明自己想得到理解。

父母总是想按他们的想法来要求孩子或孙子，他们什么事都要管，啰里啰唆说个没完……很多人因为父母的这些习惯而感到困扰。如果你原本就比较烦躁，听到父母唠叨后，有可能会冲动地大吼："您不说我也知道！""听得我耳朵都起茧子了！"但是这些情绪表达没有任何益处，还有可能让父母觉得你一点都不理解他们，让你们的关系雪上加霜。

所以请不要随便顶撞父母或表现出厌烦的态度，应该接纳父母的心情，然后告诉父母你希望得到他们的肯定，可以说："我知道您是因为担心我，其实您说的这些我都考虑到了，希望您能理解我。"

有一些人喜欢对父母说"不用您担心"，其实这句话是对父母意见的否定，可能会适得其反；还有人喜欢说"没事没事"，父母听到后可能会反驳道："怎么没事？没事我就不说了！"

在现实中，人是很难改变的。即使孩子耐心解释了，有些父母也未必能够理解。有时父母得到的信息量越多，就会越担心。

如果你正因父母的过度干涉而感到困扰，那么，没有重要事情时可以减少联络，也可以视情况把朋友圈对他们屏蔽掉。此外，为了避免刺激到比较敏感的父母，在和他们对话时，可以适当地随声附和道："嗯，您说得对。"

如果父母总是否定你

× **不恰当** 的话语

NO!

反正不管我做什么，您都会反对！

▼

◎ **恰当** 的话语

OK!

您总是反对我，我觉得很难受。

指责不利于关系的改善。

可以坦率地表达自己的心情，以获得理解。

爱操心的父母总是喜欢否定孩子，时间长了，孩子可能会抱怨"反正不管我做什么，您都会反对""您每次都说不行"，然后引发一场争吵。可是，争吵过后，父母还是不会改变。

江山易改，本性难移。对待这样的父母，如果你试图说服他们，只会消耗自己的精力；如果使用"你向信息"来指责对方或评判对方，还暗含一种"你有错"的意思，很容易引发争吵。

为了避免让沟通发展成争吵，应该使用"我向信息"直接地表达自己的心情。例如，"您总是反对我，我觉得很难受。""您不相信我，我觉得很伤心。"这种沟通方式也许更容易让父母接受。

每当你遭到父母的否定时，都请平和耐心地表达自己的心情。例如，"您这么说，我真的觉得很难过。""您刚刚这句话很伤人。"**注意不要苛责对方，一旦掺杂负面情绪，就容易使双方一时冲动地说出不该说的话，导致关系进一步恶化。沟通是为了改善关系，不是为了决出胜负。**

第 **87** 条

当你对父母感到不放心时

NO!

别随便买东西!

▼

OK!

买大件物品之前，先跟我商量一下哦!

尊重父母的想法，平日多多沟通，避免发生危险情况。

无论父母曾经是多么靠谱的人，步入老年之后都有可能逐渐失去判断能力和行动能力，子女也会因此忧心忡忡。

其实老人自己已经非常困扰了，如果再受到孩子的责备和否定，可能会因自尊心受挫而感到伤心。当然，如果父母有可能遭遇电信诈骗或专门针对老年人的常见骗局，那么，子女平日应该耐心讲解防骗手段。除了这种确定是骗局的情况之外，不要总是对父母说"别随便买东西""别一个人去"这种话，这会让父母陷入不安或焦虑当中。

我们也许已经非常忙碌了，不想再让父母给自己增添麻烦，但是，如果你限制父母的活动，他们能做的事会越来越少。请理解父母的心情，尊重他们的想法。

如果你感到担心，可以反复提醒他们："如果有人向你推销，不要马上交钱，要先联系我哦！""买大件物品之前，先跟我商量一下哦。"如果担心父母会遇到危险，可以说："报名之前先跟我说说呀。""危险的事，我会帮忙的，随时告诉我哦。"

有些老人总觉得自己还年轻，结果换一个灯泡的工夫，就跌下来骨折了。孩子平日里应该多向父母讲解一些这样的案例，让他们提高危机意识。

第 **88** 条

当你想和父母商量养老问题时

✕ 不恰当 的话语

NO!

您老了以后，我可照顾不了您！

▼

◎ 恰当 的话语

OK!

养老的事，想听听您的想法。

☺

关注父母，关心父母。
尊重父母的意见，遇事冷静交流。

当父母年纪大了，我们必须和他们讨论养老的问题。由于工作繁忙或距离遥远，有些子女很难做到亲自照顾父母。即便如此，也不要说出"您老了以后，我可照顾不了您""我可不管您""以后只能送您去养老院"这种话，这会给他们带来无法弥补的伤害。

也许父母早已经考虑过这个问题，你可以先询问他们的意见。例如，"咱们讨论讨论以后的事吧。""养老的事，想听听您的想法。"然后各自说明情况，沟通意见，尽可能达成一致，这样不容易留下遗憾和负罪感。

有些人认为孩子养老是天经地义的，借助外力是不孝的表现。但是，如果牺牲自己去照顾老人，最终有可能导致"两败俱伤"。在实际生活中，有的人为了照顾老人而辞去工作，在老人离世之后，再也无法回到职场，甚至丧失了自己的生存价值。

父母的意愿固然重要，但也不要忽视自己的漫长人生。这件事不能急于一时，否则有可能因为一时冲动而惹得父母伤心。因此，我们可以选择长假期间或其他闲暇时刻，和父母坐下来慢慢聊，或是在平日里先交流彼此的意见，最重要的是保持冷静。

除了养老问题之外，还有遗产、葬礼等让人不愿提起的话题。处理这些问题时，不要掺杂个人情绪，要冷静地分析，提前和父母讨论。

第 **89** 条

如果父母总在你面前抱怨

✕ 不恰当 的话语

NO!

这不是您自己选的嘛！

◎ 恰当 的话语

OK!

我觉得您一路走来，已经很了不起了！

置之不理无法阻止父母抱怨。

要耐心倾听，并对他们表示慰劳。

大部分人都对过去的人生抱有一些遗憾，并常常感到后悔。有些父母无法将这些遗憾与人言说，于是选择在自己孩子面前抱怨。

　　如果父母只是偶尔说说，我们一般是能够忍耐的。如果他们经常挂在嘴边，那么，孩子就有可能按捺不住，反驳道："这不是您自己选的嘛！"还有可能反过来教育父母："有这个抱怨的工夫，不如现在行动起来啊。"

　　实际上，父母并不是想寻求我们的意见，只是想诉说这个经历而已。作为子女，此时应该对父母的经历和曾经取得的成绩表示认可，例如可以说："我觉得您一路走来，已经很了不起了。""虽然有的愿望没能实现，但您做到了这一点，还做到了那一点，已经很不容易了。"

　　人将想说的话倾吐出来，并且得到了认可，内心的负面情绪就会在一定程度上释放出来。因此，当父母再跟你抱怨时，请做一个倾听者，耐心的倾听会减少他们今后抱怨的次数。

　　当我们心情烦躁时，用语言表达出来，就会感觉心情得到了缓解。父母需要你的倾听，请不要对他们置之不理，要对他们的付出表示感谢。

第 **90** 条

如果父母把你看作他的私有物品

✕ **不恰当** 的话语

NO!

我不是您的私有物品！

▼

◎ **恰当** 的话语

OK!

我们的想法可能不太一样，但希望您能够认可我。

父母的想法很难改变。

表明自己希望得到认可的心情，并保持适当的距离。

父母和子女是相互独立的个体，拥有各自的人生。有些父母没有这种意识，会不自觉地把孩子看作自己的私有物品。

　　当孩子和自己意见相左时，或是和自己做出截然不同的选择时，这些父母会很难接受。如果他们自己的人生不如意，就有可能将自己代入孩子的人生当中，事事都要插手干涉。

　　面对这样的父母，有些孩子会说出"我不是您的私有物品，不要再管我了""哪怕是母女，我们也是相互独立的"这样的话语。但是，如果"孩子是我生的，本来就是我的东西"这一想法已经在父母心中根深蒂固了，那么，无论你怎么解释都没有用。在这种情况下，使用"我向信息"更容易让父母理解你的想法，可以说："我们有不一样的想法，希望您能够认可我。"

　　德国心理学家弗雷德里克·S·皮尔斯博士创立的格式塔疗法的"祈祷词"中写道："我有我的人生，而你有你的人生。我不按你的期许过活，而你也不按我的期许过活。我是我，而你是你。"

　　请向父母讲述这些话的含义，说服他们和你保持适当的距离。**亲子之间也应该本着相互尊重的原则相处。**

我的妈妈是耐心听我说话的人

　　我在心理咨询工作中发现，很多生活不愉快的朋友，都提到过和父母之间的关系问题。甚至有些朋友已经人到中年，仍然被父母说过的话所束缚，无法面对真实的自己，常常陷入自我否定中不能自拔。

　　亲子关系并不只停留在父母和孩子这一层关系上，它就像枝条一样向四面八方伸展，影响着我们人际关系的方方面面，甚至影响我们的整个人生。

　　为了培养孩子独立生存的能力，父母不应该把孩子视为自己的私有物品或支配对象。尤其在孩子幼小的时候，他在任何方面都要依赖父母，因此，即使不是出于你的本意，你也有可能会不由自主地控制他。

　　父母视孩子为珍宝，同时又将孩子置于可控的环境中。于是，可能会在不知不觉中将自己的价值观强加到孩子身上，甚至在孩子长大后仍然保持这种相处方式。

我们需要明白，父母与孩子之间虽然拥有血缘，但彼此是相互独立的个体，即使在完全相同的境遇之下也有可能产生截然不同的心情。如果你强迫孩子和你保持一致，你们之间的关系就会逐渐失控，甚至可能会不自觉地把孩子逼上绝路。

父母有必要将自己的感受和想法告诉孩子，同时，也要把孩子作为一个独立的个体加以尊重，保持平等的立场。

所谓平等，是指同时顾及双方的情绪，接纳双方的感受，而不是需要某一方被迫妥协或忍耐。父母应该坦率地将自己的心情告诉孩子，并耐心倾听孩子的想法，在日常生活中不断地实践这种相处方式。

我有了孩子之后，开始学习心理咨询相关的知识。这才了解到照顾他人的情绪、在相互尊重的基础上平等相处的重要性，并将其用于我的亲子实践当中。

某日，发生了这样一件事。那时我的孩子正在上小学一年级，我去他的学校参加旁听活动，走廊的宣传栏上贴着孩子们的作品，主题是"我的妈妈是一个×××的人"。很多孩子写的是"温柔""会做饭"等，而我的孩子写的是"耐心听我说话"。

看到这句话的一瞬间，我感到无比喜悦，庆幸自己学习并实践了心理学。

孩子不能永远在父母的保护下生存。教育的本质在于：无须父母一一指示，孩子也能够充满自信与爱心，勇敢坚韧地生存下去。

如果父母对孩子表现出无条件的信任，孩子就更有可能积极地开拓出自己的人生道路。亲子关系的好坏，取决于日常生活中的点点滴滴，如果日常沟通的过程中充满了积极向上的话语、心灵相通的爱意，我们的生活会更加幸福吧！

父母懂得关注自己、关爱自己，这一点是很重要的。看到父母满面笑容，孩子也会笑逐颜开的。

本书是"特别会说话的人都这样说话"系列的第三册，受到众多读者的喜爱，我不胜感激。

随着孩子的成长，父母可能会经历各种担心和无助，希望本书能够帮助各位父母解决棘手的问题，进而改善亲子关系。

有时只需要换一种说话方式，就可以让亲子关系发生巨大的变化。

愿你在照顾孩子的同时，不忘珍惜自己；愿你拥有多彩的人生。

大野萌子

图书在版编目（CIP）数据

　　父母这样说，给孩子受用一生的幸福力 /（日）大野萌子著；曲冰译. --
北京：北京日报出版社，2023.9
　　ISBN 978-7-5477-4632-5

　　Ⅰ.①父… Ⅱ.①大…②曲… Ⅲ.①儿童教育－家庭教育 Ⅳ.① G782

中国国家版本馆 CIP 数据核字 (2023) 第 109445 号

Original Japanese title: YOKEI NA HITOKOTO WO WAKARIAERU SERIFU
NI KAERU OYAKO NO TAME NO IIKAE ZUKAN
© Moeko Ono, 2022
Original Japanese edition published by Sunmark Publishing, Inc.
Simplified Chinese translation rights arranged with Sunmark Publishing, Inc.
through The English Agency (Japan) Ltd. and CA-LINK International LLC

著作权合同登记图字：01-2023-3908

父母这样说，给孩子受用一生的幸福力

出 品 人：柯　伟
选题策划：刘　嫄
责任编辑：曲　申
特约编辑：刘　嫄
封面设计：即刻设计
版式设计：李 琳 璐
出版发行：北京日报出版社
地　　址：北京市东城区东单三条 8-16 号东方广场东配楼四层
邮　　编：100005
电　　话：发行部：（010）65255876
　　　　　总编室：（010）65252135
印　　刷：三河市嘉科万达彩色印刷有限公司
经　　销：各地新华书店
版　　次：2023 年 9 月第 1 版
　　　　　2023 年 9 月第 1 次印刷
开　　本：880 毫米 ×1230 毫米　　1/32
印　　张：7.25
字　　数：159 千字
定　　价：49.80 元